现在

请做好准备

一个新世界正铺天盖地而来

不容我们喘息

徐志斌◎著

（修订升级版）

社交红利

从微信、微博等社交网络中带走用户与收入

北京联合出版公司
Beijing United Publishing Co.,Ltd.

图书在版编目（CIP）数据

社交红利：修订升级版 / 徐志斌著. —北京：北京联合出版公司，2014.6（2014.11重印）（2014.12重印）（2015.4重印）（2015.10重印）

ISBN 978-7-5502-2974-7

Ⅰ. ①社… Ⅱ. ①徐… Ⅲ. ①网络经济–通俗读物 Ⅳ. ①F062.5-49

中国版本图书馆CIP数据核字(2014)第086300号

社交红利：修订升级版

作　　者：徐志斌

责任编辑：徐秀琴　李　婷

装帧设计：红杉林文化

北京联合出版公司出版

（北京市西城区德外大街83号楼9层　100088）

北京鹏润伟业印刷有限公司印刷　新华书店经销

字数230千字　710毫米×1000毫米　1/16　19印张

2014年7月第1版　2015年10月第5次印刷

ISBN 978-7-5502-2974-7

定价：49.80元

目录

CONTENT

推荐序1

社交网络带来创新变革的机会

马蔚华
招商银行前行长兼CEO

接触Facebook（脸谱网）伊始，我就意识到社交网络必将给传统银行带来冲击。我一面惊叹于社交网络的巨大潜能，一面思考银行应该如何利用社交网络寻找新的利润增长点。徐志斌先生邀我为他的著作《社交红利》作序，看到样稿后，发现一些观点不谋而合，甚有启发，欣然应允。

徐志斌先生服务的腾讯与招商银行一样，俱身在深圳，放眼全国乃至全球市场。招商银行与腾讯是战略合作伙伴，我与腾讯创始人马化腾先生是多年的好朋友。两家公司，银行业与社交网络之间，有许多相同点：都是年轻的公司，员工的平均年龄也都在30岁上下，朝气蓬勃；两家公司都以向用户提供优质服务立命生存。看本书时，也看到一些类似的感觉：

要求企业与时俱进。在互联网的从业者们看来，招商银行所处的银行业更为庞大、传统，似乎潜台词是转身慢。来自外行人的金融创新正在逐步吞噬银行的传统优势，最近互联网金融开始正面挑战银行业。其实，银行业本身也具有IT属性，这个行业的从业者一直非常关注技术的发展，积极响应客户的需求变化，不断将最新技术引进到客户服务中来。如今，网上银行、手机银行、移动支付、网络理财早已成为大众的基础服务项目。当然，现在新鲜事物的推出与变化频率越来越快，银行业的适应与变化需要同步进行，这就需要同仁们持续保持快速有效的学习能力。

方便为客户提供更优质的服务。社交网络与企业合作可以开辟新的天地，招商银行与微信的合作就是最佳证明。我们欣慰地看到，招商银行在微信中已成为标杆案例，通过微信这个新兴的工具为用户提供更便利的服务，微信银行的推出更是将这一便利应用到更加宽广的领域。通过微信这一平台，招商银行不仅获得了更多新客户，而且全面颠覆了传统的客服模式，探索出了互联网客服的新模式。这和招商银行的经营理念“以客户需求为导向，不断创新、改变”一脉相承。

带来了产业间的融合机遇。互联网技术的发展，改变了人们的生活和消费习惯，使产业间的边界变得非常模糊，跨界经营已成常态，这为产业间的融合提供了新的机遇。正如我们看到的，微信已经开始绑定信用卡进行小额支付，这看起来细碎，一旦能够普及就会带来很大变化，相当于将移动支付业务推向一个新的发展阶段。相信，未来银行业、互联网、社交网络、电子商务等产业将进一步走向融合。

提供了创新和变革的机会点。未来的世界一定是数据的世界，未来企业都将会是“数据驱动的企业”。大数据终将形成大变革之力，需要创新求变的思维与之相适应。大数据打破了传统的信息不对称和物理区域壁垒，不同产业间的数据对接，会带来许多创新和变革的机会。企业如何利用大数据带来的机会，实现弯道超车，值得认真思量。

在告别招商银行时，我曾说过：当今的社会，是年轻人的社会，消费的主力军、潮流的先锋队、创业的拼搏者、网络的聚焦点，这些无一不是由年轻人所主宰。要率领年轻人赢得竞争，首先必须懂得年轻人。而看微博、用微信，使用最新的社交网络工具正是了解年轻人最好的方法，每天晚上抽时间上微博学网络语言已经成为我的一种习惯。今天，《社交红利》的出版面世，为业界带来了宝贵的学习与探讨的机会，希望书中的内容与观点能启发读者新的思考。

2013年7月12日　于深圳

推荐序2

在云端之上

张亚勤
微软全球资深副总裁
微软亚太研发集团主席

2013年6月下旬的一天，我收到志斌的邮件，告诉我新书即将面世的消息。从字里行间，我能感受到他的兴奋之情：一部耗时良久、殚精竭虑方写成的新作终于要付梓出版、接受万千读者的审阅了。作为作者，既开心又忐忑。类似的感觉，我也曾体会过。

邮件中，志斌让我先睹为快，并嘱托我为这本书做推荐。由于时间紧，我只能利用社交网络用户常说的“碎片时间”来快速浏览全书，但即便是速读与粗读，我仍被书里的思考和故事所吸引。我想：读者，特别是移动互联网创业者、媒体从业者、社交网络营销工作者，应该会充分意识到《社交红利》的工具价值，并将其中的一些观点和技巧用于指导自身行业的业务实践吧！

首先，这是一本较真儿的书。不含前言后记，共分六章：“社交红利时代开启”揭示了社交网络的价值之源和火爆之秘；“信息的重量”分析了流动于社交网络之上的内容的质量标准与进化轨迹；“关系链壁垒”解读了如何将关注者帐号变成可用资源、如何不断复制和扩展这样的资源以及如何将资源变为收益；“流动的魅力”提供了实用性极强、可助力企业获取互动红利与“放大效应”的操作指南；“开放与新红利”展现了作者对提升社交网络营销效能的思考与心得；“社交网络中关于未来演进的21个猜想”则预测了今后一段时间的技术创新与用户需求走向。

书中，作者对社交网络由萌芽走向兴盛的深层次原因进行了剖析。在此基础上，他又阐释了基于此类新兴媒体的营销所具备的潜能以及企业该怎样激发这些潜能。此外，对所有的现象、规律，作者都不是泛泛而谈，都不是只给出方向而忽略细节。相反，他援引了大量的业内珍闻，或引为殷鉴，或树立标杆，读者应该可以由这些案例归纳出所需规避或依循的路径。

其次，这是一本能够激发思想火花的书。作为IT行业的参与者和社交网络的用户，这些年来，我也一直在关注社交网络的发展趋势，观察用户需求的变化。我认为，社交网络是一面镜子，镜子里映射出的是真实的世界。真实世界会发生很多事，无论好事还是坏事，没有社交网络也一样会发生，而社交网络的建成让更多人获得了知情权和发表意见的权利。镜子的另一重含义是，用户在社交网络上发表的任何内容和回复，都在某种程度上反映了他的思想和内心。

就影响力和演进趋势而言，如同三年前我曾预言的，反映真实关系的社会化商务和社交网络平台而今已凌驾于云端之上，每时每刻都在生成大量的新数据和新应用。然而，即便社交网络可说是继浏览器、即时通讯工具、搜索引擎发明之后在互联网应用领域影响最深刻的一次革新，它仍不免存在着缺憾。比如，随着现实世界的社会关系逐渐数字化、网络化、实时化、商业化，越来越多的用户随之沉迷于效率更高、或许成本也更低的虚拟沟通。远程互动热火朝天，物理关系链却一再降温，人们习惯于通过手机而不是亲人的手来感受温暖，真正的“面对面”交流成了奢侈体验……如人被机器屏幕所控制的情形，如影随形，不是好的现象。

也许互联网行业下一波的杀手级创新能够解决上述问题吧。希望志斌的新著能启发读者更多的思考。

推荐序3

社群与商业进步

杜家滨
微软中国前总裁
思科中国前总裁

1992年，美国微软公司进入中国市场时，业务上最大的挑战是懂微软软件产品的人太少。这个障碍必须尽快越过。当时经过思考和设计决定采取社群传播的方式，在国内主要高校成立软件学院，以软件学院为社群基础教授微软软件知识，分享各种工具和开发方法，举办开发者活动，发动报纸、杂志报道传递信息，推动社群交流。经过两三年时间的努力，来自中国的微软认证工程师人数已经在全世界排名第二。

互联网刚萌芽时，美国思科系统公司在中国也需要培养可以设计网络和规划网络运用的工程技术人才。在通过高校和不同单位合作建立“网络学院”培育人才、建立思科社群等方式以外，也采取了不同的策略重点。思科采用校园BBS和社会BBS作为交流中心，协助解决技术人员遇见的技术问题，宣传产品，进行市场互动，帮企业和认证工程师寻找人才、求职就业。同时，成立了代理商社群，通过BBS和即时通讯（Instant Messenger）做交流工具，推广应用。思科在中国的发展，社群力量功不可没。

社群是人类进化发展自然形成的社会现象。传统社会中，社群成员通常有相近的喜好、共同语言或生活方式，通常住的距离不会太远，在一个村庄、城市或是一个国家范围内，交通方便程度影响社群活动的范围。社群内通过信息交换、成员互动而丰富生活内容，资源交换产生商业活动。社群活动大到一定规模时，推动的商业活动会成为社会或国家的经济活动。

互联网出现后，社群地理距离限制消失，继而升级出现了全球级社交网络。我们对传统社群的称谓也由此改为“社交网络”。

大部分互联网社交网络建立时，并没有明显的商业目的。一旦形成规模，社交网络力量变大后，商业机会跟着出现，广告、推荐、销售活动都会产生。像Facebook、Twitter（推特），从社交网络内影响到社交网络外，吸引更多希望参与、得到认同的用户进入，社交网络也跟着同步成长。

随着网络带宽资源日益富裕，移动互联网装置（Mobile Internet Device）普及，互动更方便、频繁，形式更多元化，商业活动规模成正比增加。几年前，第一次听到Google（谷歌）要开发手机操作系统，知道Apple（苹果）要推出iPhone、iPad时，没想到这几项商品对社会影响这么大。Facebook、Twitter、微博、微信这些新兴社交网络和工具在此之上带来新的信息传递和交流方法，从第一次接触到现在每日使用它们和朋友联系，也是始料未及。人类因为有提高生活质量、降低费用、增加方便性的需求，一直在尝试新方法寻求满足，许多发明、探险在满足这些目的的同时间接推动了文明进步。

商业环境形成有几项要素：社交网络、技术（科技手段）、方便性、成本。这几项要素会帮助商业环境创造出获利条件。形成社交网络只是基础，社交网络的目的越清楚，规模就可以发展得越大，商业价值就会越高；社交网络内活动越频繁，带动商业活动创造的价值越容易积累。

不管是传统还是线上，社交网络因为共同需求而建立，群内成员有特定的商业需求希望得到满足。若能掌握社交网络特质，设计出方案满足他们的需求，各种商业机会就会呈现在不同的社交网络中。在国内外，有许多拼车、团购、美食、打车、电影、健身、二手商品租用、销售等网站和服务，社交网络都是在具备商业需求的前提下形成的，而需求被细腻化、被精致化，这又创造出更多新的商业机会。

商业目的无论是提高效率还是减低成本，最重要的还是增值。增值来自于持续地改进与创新。身旁许多可以共享的事物，通过社交网络交流可以和别人分时使用，分时度假公寓、拼车、二手商品社群都是这类产物。网上公开课将课堂容纳的学生人数从数百扩大到数万人，教学方式可以平行学习、异地共享，扩大老师教学效果，降低学生的学习成本，新的以社交网络为基础的技术手段帮助大家达到了这个目的。伴随着设备与通信技术的改良，也会带来交流效率的提升，沟通效果更好、更直接、更实时，商业增值所创造的空间在加大，提供的增值更大。

一些面向企业的商业需求也依靠社交网络的分享得到满足。软件即服务（Software as a Service，SaaS）、平台即服务（Platform as a Service，PaaS）、临时办公室租用、临时行政人员租用……都是企业的商业需求。

企业在社交网络中生存，需要运营和不断地发掘需求，需要通过商业手段满足用户的需求，并刺激、创造新需求。运营结果会带来新的获利机会，引发下一轮投资，扩大自己在社交网络中的覆盖范围和基础。

无论是企业还是个人，都有自己归属的社交网络，细心发掘，善用各种交流工具，就会商机无限。

推荐序4

社交网络、开放，及新机会

邢宏宇
腾讯微博事业部总经理

今天的互联网，“社交”与“开放”是两大不可回避的主题。社交网络将现实活动搬到线上并汇聚起来，而开放则将平台和用户、市场机会提供出去。

用户在社交网络上的时间与日俱增，社交网络如何运用就显得至关重要。以帐号为例，应用无须再辛苦建立自己的帐号体系，庞大且活跃的社交网络用户、成熟的关系链能够协助创业者大幅节省成长所需的时间。

面对这些动向，创业者与企业也需要做一些改变。当然，这种改变并不是为了社交网络，而是为了自己的用户。实际上，在强调用户体验的今天，许多应用已经不再追求用户必须在自己的网站或是应用上，而是追随用户的脚步，进入到了不同的社交网络中去。这就是我们在微博、微信中都能看到这些企业和创业者的原因，利用好庞大的社交网络就成为企业发展所需面对的应为之事。不管是一条细微的信息，还是面向用户提供服务的方式、对话的语气，都需要做出变化和调整，要平视用户，为他们着想。这些细节及背后的原因，本书做了大量探讨与论述，可供参考。

作者徐志斌是腾讯微博开放平台的资深员工，他对业界的理解与对开放的热情推动着微博开放平台的快速发展。《社交红利》的出版，可以看作是他多年工作思考与经验总结的结晶。

开放也将带来新的机会。以我们经常使用的微博为例，微博在社交平台中是独一无二的开放的数据，对于这些数据的挖掘与运用，将会带来越来越多的机会，比如在阅读、垂直行业，乃至商业上的改变。

综观不同特点的社交网络，业界与合作伙伴们面对的，必将是一张张越来越开放、用户和数据的累积越来越可观、使用起来越来越便利的网络。这些网络，也将给企业和创业者带来更多社交红利。

2012年5月，许朝军一边游泳一边重新检视自己创办点点网的得失，一些新迹象让他不得不重新思考。过去一年间，点点网没有取得想象中的超快速发展。

在投资人、媒体、市场眼中，许朝军绝对是受到欢迎和追捧的明星创业者，他过去的简历十分耀眼。1999年，还在清华大学就读时，就参与创办Chinaren。网站出售给搜狐后，与王小川（搜狗CEO）、姚键（优酷土豆集团CTO）、阙宏宇（优酷土豆集团副总裁）一起，并称“搜狐四剑客”。5年后加入千橡集团，担任校内网负责人4年，一举将校内网（现在已经更名为人人网）打造成国内主流社交网络之一。创业前最后一份工作为盛大在线首席运营官、盛大边锋总裁。

在这样的背景下，他创办的轻博客网站——点点网一经推出，就备受资本宠爱。2011年2月，刚从谷歌中国总裁任上离职、组建创新工场不久的李开复成为他的天使投资人。同年4月7日，点点网开放注册，当月月底宣布获得来自联创策源、红杉以及创新工场上千万美元融资。

前言

让信息在关系链中流动

但点点网的发展似乎遇到些瓶颈，无线化可能是其中一个方面。尽管许朝军在创业初就看到了无线的机会，点点网却不是单纯为无线而生，PC思路依然占据核心。很快，他发现原来依赖的笔记本电脑很长时间不再被使用，手机成为移动办公、接触外界、娱乐最有力的工具。人们的行为朝手机不断迁移，停留在PC上的时间上越来越短。点点网暂时没能把握住这一趋势，这导致了另一个表象，即发展有些缓慢。2011年年底，点点网宣布注册用户超过500万，自此以后再没有公布过更新的数字。

这一年年初，国内几大社交网络纷纷打开开放的大门，欢迎业界合作伙伴们进驻。涌入的企业和创业者中不断有人宣称掘到了真金。点点网却没能借助到这些庞大平台的力量。

2012年10月，反思后的许朝军重新推出新产品“啪啪”，这款聚焦在手机上的有声照片应用带来了新的玩法，迅速开始了走红历程。半年之后，啪啪注册用户数过1000万，远远超过了自己的同门兄弟点点网，更超越了其他手机应用。

对比点点网，啪啪的不同之处在于：

直接采用了成熟社交网络的帐号登录体系，借此，在用户制作有声照片后，可被鼓励分享到各大社交网络中去。许朝军说，这一做法是为了利用社交网络已有的便利，用户可以更方便地注册、找到自己熟悉的朋友并留下来。和社交网络的融合还能让创业公司获得更快的发展速度，借此甩开可能的潜在对手。确实，自上线以来，同类竞争对手对啪啪很少能够造成威胁，追随者被远远地甩在了后面。

这正是社交网络带来的部分红利，分别以这些方式呈现在啪啪上：

- **更海量的流量和用户获得。**大型社交网络已然成为新的流量分发中心，从这些自然的流量分发中，合作伙伴可以获得理想的流量和用户，或者是下载注册、购买订单转化率。
- **更快速的发展速度。**获得上述流量和用户的速度，比过去PC互联网时代所需的时间更短。
- **更低廉的用户获取成本。**创业者获得这些新用户所做出的投入，几乎可以忽略不计。
- **更优先进入用户视野。**当关于自己的信息被用户分享到他的朋友圈子中时，实际上已经占据了目光和注意力，消耗了他/她的时间，竞争对手也因此减少了和目标用户接触的时间，直至被压制。
- **更好的用户黏着留存，以及召回便利。**大量数据与案例表明，关系链对于新用户的留存有着巨大的价值，这也方便将已经离开一段时间的用户通过发布信息、举办活动等方式再度召回。

如果将上述表现用图表表现出来，我们将会看见一条快速上升的曲线，类似于图0-1-1——是的，越来越多的创新应用、合作伙伴，正在深谙社交网络的规律，并将之变成支撑自己快速成长的源动力。

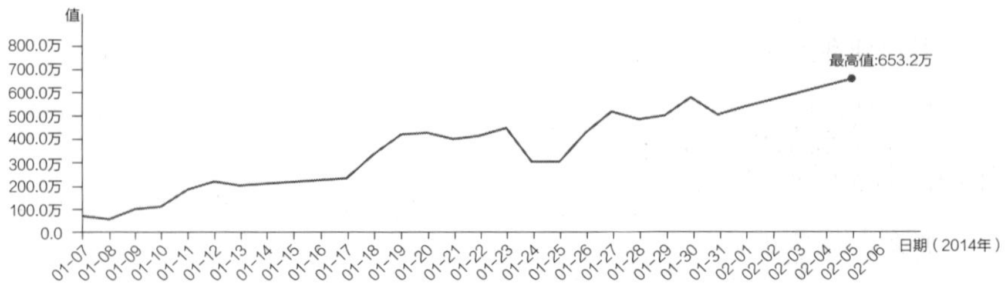

图0-1-1

成长的结果，于部分应用而言，是注册和下载；于网站而言，是用户与流量；于电商而言，是购买订单转化。大部分企业也期望将其变成品牌增值，或者收入：

> 过去两年间（2011年6月至2013年6月），仅腾讯开放平台一个部门给合作伙伴的分账就超过30亿元人民币，这是一个从零起步的快速增长市场。2011年6月，腾讯创始人马化腾曾对外表示，希望通过开放再造一个腾讯——通过分成一年内带给合作伙伴超过200亿元人民币的收入。

在腾讯背后，还有国内的陌陌、YY、新浪微博，海外的Facebook、Line、Twitter等等一长串提供收益的名单，而啪啪是受益者之一。此间，业界诸多名噪一时、迅速崛起的应用与创业团队都跻身其中，如唱吧、抬杠、博雅、疯狂猜图、魔漫相机、微视，等等。似乎不管所求者何，社交网络总是能够做到支持。

只是，我们必须要掠过这些宏大的叙事，去回看一下用户共有的规律，这恰如啪啪所揭示的：

用户将他们在各个产品、应用中所创造的个性化的、喜欢的信息（或者对某项服务体验、感受的评价），分享到各个社交网络，在朋友圈子中激起不同的反响，由此产生了各种期望中的结果。

那么，这些细微到可以被忽略不计的分享信息，是如何产生这么庞大而诱人的收益呢？

大的环境我们无法忽略。在不久的过去，移动化浪潮带来了人们时间的极大碎片化，使用一个APP应用的时长变成以分、秒计，在此之上壮大的社交网络，将时间再度粉碎成一条条和朋友们沟通的信息。这种粉碎的状态，甚至像“粉尘”一样，铺天盖地而起，将大部分用户和企业都笼罩其中，信息获取和阅读的方式及途径首先被关系（朋友们的分享推荐）所改变，继而，品牌、客服、购买、下载等，这些和信息紧密相关的领域，也次第被关系改变——人们从最简单的地方开始适应新的生活方式。在这个适应的过程中，造就和产生了大量新生现象与应用。

这条演进路径，在本书的四篇推荐序中被简要地概括了出来：新的移动设备如iPhone、iPad的出现，推动了人们沟通方式的变化，带来了微博、微信的流行（杜家滨先生《社群与商业进步》），继而引发企业与用户之间沟通方式的连锁反应（马蔚华先生《社交网络带来创新变革的机会》），并经由开放，释放或将释放出更多机会，及伴生的困惑（邢宏宇先生《社交网络、开放，及新机会》和张亚勤先生《在云端之上》）。

每天，有近亿条网页链接被分享到QQ空间、腾讯微博、微信上，又转而带走数亿点击流量和用户。数字仍在快速增长中，看不到慢下来的迹象。包括微信、微博、QQ空间在内的不同形态的社交网络次第崛起进入主流，为业界与创业者提供了巨大的社交红利。每时每刻，海量的用户、流量、注意力乃至收入从一张张庞大的社交网络中，充沛流动到外界合作伙伴的产品、网站上。细微的分享，在这里汇聚成了庞大的洪流。

只是困惑也如影随形。观察数据时，我们会发现，海量且充沛的流量更宠爱部分网站和应用、事件和内容。有能力获得这些诱人收益的网站和应用屈指可数。这个现象困扰了许多合作伙伴。现实中，社交网络并没有嫌贫爱富，即使在目前业界最有成效的需要资金投放的QQ空间广点通广告系统中，投放金额大也不一定能获得最为理想的产出。用户与企业、应用、服务接触的门槛在不同网络中得以消除，不论时间和地域，不论规模大小。从这一点看，社交网络更适合于创业和勇于尝鲜的人群。在这个领域内，新崛起的创业者比比皆是。

答案同样脱出于细节，及细节所指引出的企业和创业者对于社交网络的理解与认知。站在开放平台之上，观察数以百万计的网站、创业者和合作伙伴，背后的数据能告诉我们，越是复杂的问题，越指向简单的答案。例如：为什么用户更愿意分享某一家同行的信息？为什么具有同一数量级的用户分享，却带不回期望中的效果？

这些问题，和本书将要分享的诸多数据、案例，都可概括于此：一条信息是如何进入用户及他的朋友们当中，又在他们玩笑/互动中引发我们想要的结果？至于是哪家平台并不重要，根植于多家社交网络，已然成为共性，关键是追随用户的脚步。在这句概括中，我们看到了三个基础原点：即“信息”“关系链”“互动”。

信息在关系链中流动，社交红利=信息×关系链×互动。

本书将要探讨的，以及各个章节的展开，正是由此而发。这些随处可被忽略的小细节、小原点，是如何在各个社交网络中激发起庞大的效果？又是如何组合出各种眼花缭乱的特点、现象与效应的？隐藏在三个小原点中的基础规律，将会充沛地展示我们所想见的一切。

第一章

社交红利时代开启

开发者从腾讯开放平台获得的分成收入，仅仅两年时间由0变成了30亿，新市场以超乎想象的速度在快速扩张。每天，海量用户、流量乃至收入从各大社交网络流动到合作伙伴中去。庞大的收益开始源源不断地为创业者所有，一个诱人的红利时代已经开启。

社交红利 = 信息 X 关系链 X 互动

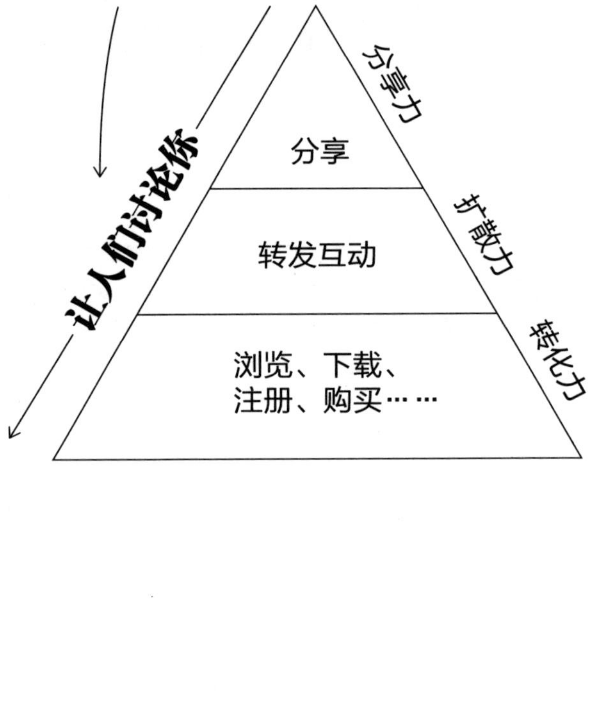

不管是微博还是微信，社交网络在生活中越来越重要，以至于改变了人们的许多习惯。聚餐前要拍张照片上传，边看电视节目边在微博上吐槽，购买东西前要先看看朋友们怎么说。

这几乎是连串反应的起点：今天人们变得更加易于发表评论了，大到对新闻事件评头论足，小到吃了什么喝了什么喜欢什么，海量信息几乎无时无刻不在用户间喷涌。我们影响着朋友们的生活，自己的生活决策也越来越依赖于朋友们的推荐。当这些影响及因此所能产生的变化变得可以汇聚时，一系列变革就会发生。

首当其冲是媒体：一次又一次重大事件中，人们在微博中用围观改变着结果。媒介惯有的权力似乎在以更快的速度流向普通用户。社交网络也在引起营销的变革：人们更容易影响他人和被人影响了。因此，才得以每天有海量且廉价的用户、流量、收入从社交网络中流动出来，更多企业与创业者也开始聚拢到社交网络中来寻找机会。

在社交红利产生的背后，是人与人之间的“信任背书”在发生着巨大作用。不同的是，我们知道现实生活中这些信任背书发生作用，却无法汇聚到一起进行实时管理和计算。社交网络将这些散落的、看不见摸不着的决定性因素聚拢了起来，累积呈现。一个细微的变化，就诞生了一个时代。

01

信任背书

一年半前，烟烟开始注册并认证腾讯微博，她是中国钟表收藏协会会员、珠宝玩家。闲暇时，烟烟会在微博上分享关于钟表的品牌信息与新款资讯，解答身边好友的疑问，对一些陌生网友提出的问题也会直接做出回答。这一切就像在平常生活中所做的一样，非常自然。在这个过程中，她陆续结识了一些新朋友。

在淘宝上，烟烟还有自己的网店，平时帮朋友购买一些名贵手表、珠宝等，她没有想到微博和淘宝店之间会有什么联系。

一段时间后，令烟烟意想不到的事情发生了。2013年2月（春节后），烟烟突然留意到自己网店销售量增加了。一个半月内，20位用户请她帮忙采购了浪琴手表，8位用户采购了欧米茄，卖出了3块劳力士、2块更高档次的名贵手表，以及更多施华洛世奇产品，后者实在太多，她没有去统计。这些增加的用户有一个共同特点——都来自微博。

有设计师背景的萃茜创办了一家创意互动礼品公司，专门给有个性化需求的企业客户提供创意文化类产品，萃茜在微信平台上也经历了类似过程。2013年年初，她在朋友圈中分享公司部分礼品设计图片时，偶有朋友点赞。作为私人交流工具，一些朋友会直接相询，萃茜也直接做答。在线下拜访客户时，萃茜发现，如果客户的朋友在朋友圈中已看过这些产品图片，会对此留下深刻印象。一年以后，部分客户开始在她朋友圈发出图片后直接下单，数量越来越多，次数越来越频繁。

在这两个故事中，我们能留意到几个关键信息：**时间延续、细心互动、专业、品牌**。如果再细看，会发现这些信息都在指向信任的建立。互动中，烟烟和萃茜通过自己专业、耐心的解答赢得了更多粉丝/听众的信任，尽管没有做广告或是时下热门的微博营销、微信营销，用户依然选择和她们合作，前提是这一切基于彼此间的信任。

信任的力量

在今天，想要了解社交网络需要花费更多时间，它们的变化实在太快了。前天崛起的是QQ空间、人人网、开心网，昨天火爆的是微博，今天微信就已经奠定了业界霸主之位，各自以超出想象的速度前进。投入在一家平台的时间和精力尚未得到回报，另一家平台又异军突起。好在新参与者并没有对旧有平台造成致命打击，相反，QQ空间在出生8年后达到了今天的巅峰状态，微博到现在已经5年多，仍然在不知疲倦地深度影响着社会与互联网。

信息被用户通过各种方式汇聚到这些社交网络中，又以各种自然的方式被分发出去。**细微的分享动作正在改变当下的互联网。**当每一个细微的分享动作汇聚起来时，将形成庞大的洪流，而社交网络承担了“汇聚与分发”的平台作用。在汇聚与分发中，现有企业与创业团队都可以便利且低成本地从中获得自己想要的流量、用户、收入，或者是口碑、销售、客户认可等。

我们想知道的是，是什么样的因素推动着那些细微的分享发生作用，并推动着合作伙伴从中获得了期望中的结果？有些答案可以先在现实生活中观察。

笔者加入了一个老同事群，是过去十年来曾经在同一家公司工作过的同事集合，里面至少有一半没有见过。一天，笔者在群里请教了一个关于理财的问题，有一位群成员很快做了回应。这位成员笔者并不相识，日常沟通中，他很少发言，笔者对他无从判断，不知道是否该将他的意见作为参考。这时，同在群里的前总裁为那位成员做了一个介绍与肯定：“他说得对，为人也很踏实。”笔者看到后，选择听从那位成员的建议，采购了一份理财产品。

在这个案例中，前总裁为那位成员做了信任背书。日常生活中，人们经常接到推销电话，多半不予理会，因为没有证据或信息显示电话那头的陌生人值得信赖。而好友圈子为这种信赖提供了传导的可能，即便在陌生环境下，如果某个成员的真实身份信息、历史谈论可查询，基于对他本人的信任可在一定程度上建立，或经人介绍，就可以将这种信任传递下去。日常生活中，不管是旅游、找美食餐厅、购买大件商品，我们也在不断寻找一些熟悉情况的专家，以向他们咨询、了解，帮助自己做出决策。

在生活中，我们还可见这样的案例：

> 随着交房的进行，一个新住宅小区QQ群和论坛的话题重心开始转向装修。关于装修材料的优劣、价格高低、装修风格选择成为热门话题，有经验的业主将过去经验整理后发出，年轻人会将其他论坛中看到的帖子转过来。
>
> 业主中有一位成员既专业又活跃，不仅对材料、价格、装修风格等如数家珍，砍价、监理环节也能随时点出当中关键点。他的新房第一时间装修完成，漂亮大气，为此几乎成了小区邻居们的装修样板间。这位业主也不小气，主动邀请其他邻居前来参观。在他的影响和推荐下，许多业主都选择了同一家装修公司进行装修，一些重要的材料还在他的带领下进行了团购。
>
> 在沟通及接触过程中，该成员坦诚相告，他是这家装修公司的业务员。交房时，他迅速租下了一套空房，将其装修成样板间，邀请业主参观时承揽业务，也协助他们解答许多专业问题。业主们知道情况后虽然开始有些不快，但通过不断沟通，这位业务员的专业与迅捷服务还是赢得了他们的认可。

现实如此，社交网络也是如此。人们会因为对好友或专业人士的信任，而信赖他的推荐。在网络中，信任总是先行产生在亲朋好友、同学、同事之间（可以将之称为强关系），然后是同行或朋友的朋友（可能发生联系而变成强关系），最后是完全不认识的陌生人（可以称为弱关系）。QQ空间数据显示，绝大多数用户会考虑来自好友的推荐，好友推荐的商品或游戏，直接转化率在50%以上。在微博、微信中，则是追随好友的分享去阅读、讨论。

大部分社交网络都是基于信任机制而建。社交网络，包括微博、微信、QQ空间，实际上在做的是将人与人之间的信任，发生在每一个沟通、对话中的信任，汇聚在了一起。

陌生人的信任建立过程，耗时会比熟人、好友之间要长，但对企业有着巨大价值与作用，企业总是希望进入到更多人群中去拓展业务。对于陌生关系的信任建立，烟烟做出了很好的范例：**通过专业、细致的互动，能够在陌生人群中逐渐累积信任、增加背书的速度。**

信任的建立伴随着社交网络的种种环节，包括专业的内容（信息）、朋友间的介绍（关系链）、认真地转发评论乃至提供服务（互动），在协助企业快速转化为自己期望的效果之余，逐渐吸引更多潜在目标用户。不断涌现的内容大帐号、自媒体帐号，都在有意无意中遵循这些原则，并由此建立了一个庞大的基于弱关系的信任链条，收获利益。

从信息本身看，微博上虽然仅限140字，但发布信息者个人的专业、情感、价值、判断、喜好、历史等关键要素，会依附在这条信息之上，流动在好友（关系链）中。看到信息的人也会将自己对该人的信任，及专业、情感、价值、判断、喜好、历史等做出回应，并传递下去。信任在这个传导链条中起到了至关重要的作用，成为整个社交网络中最关键的因素。因为信任，被用户不断分享到社交网络中的信息，才会给来源网站和应用产生回流点击、下载注册、购买等诸多转化行为。当这些转化和细微的分享一样，被汇聚在一起时，我们便可见庞大的社交红利。

社交已成为基础能力

在今天，微博与微信的崛起将大部分用户卷入其中，社交网络已然成为人们不可回避的生活方式，其中还包括QQ空间、开心网、人人网等。一个显著现象是，公众社交帐号与自媒体大规模兴起，带来了信息流动与传播的巨大改变，也带来了新的呈现形式与使用方式。用户将自己喜欢的音乐、文章、视频、应用、照片等分享或发布在自己帐号里，业界又因此将海量的用户、流量、注意力和收入从社交网络中带走。如烟烟和萃茜这样的个体受益者，也变得越发普遍。

社交网络已成为创业者及现有企业一种可供利用的基础工具，明星企业崛起的速度与规模更令人瞩目。新兴应用崛起可能只有短短数周，而他们所需做的，仅仅是鼓励用户把感兴趣的内容分享到微博、微信等社交网络而已。这个有效（也是最新）的工具，相比已有的方式方法，社交更加新颖多变，放大器的作用尤为显著，甚至和资金海量投入与否无必然关联，推动着创业团队产生或快或慢迥然两异的发展结果。

无处不在的差异

表面上看，分享到社交网络已然成为许多网站、应用的标配，但运用好坏却程度不同。即使是处在同一水平线上的竞争对手，依然获益悬殊。在后台中，经常可见这样的数据对比（见表1-1-1）：

表1-1-1

	分享次数	被分享网页数	当日首次被分享网页数	点击次数	被点击网页数
A站点	150,422	71,263	34,419	811,050	140,148
B站点	1,868	1,640	828	21,024	7,870
C站点	86	75	43	457	154

表格中，“被分享网页数”指的是该网站被分享了多少个页面到腾讯微博。和“分享次数”相比，这一数量大幅降低，是因为有多人分享同一页面。“当日首次被分享网页数”是指当天第一次被分享的页面数，在当天分享的所有页面中，许多曾经已被分享过。“点击次数”指当天用户在微博中点击了多少次该网站的链接，并因此访问回到该网站（回流）。“被点击网页数”指这些点击发生在多少页面上。一般一些页面会有多人点击，另一些页面则无人点击。当天的点击数量，也会有历史上其他时间分享的页面沉淀下来产生的。

表1-1-1是三家同类型竞争网站在一天中，从腾讯微博获得的回流访问数据，其中最高一家为81万点击访问，最低一家仅为数百，差距很大。业界竞争激烈，都希望获得更多用户，但对待社交网络的态度会导致结果不同，随着社交网络不断发展，这个差距还在持续拉大。如在2012年7月，我们能见到一家合作伙伴每天通过用户的分享，从腾讯微博带走200万访问流量，现在这个数字已经超过千万。微信的加入，又继续拉大了表格中的数字差距。

社交网络中，存在着许多矛盾现象和数据，上表体现的只是其中之一。常见的还有：同样听众/粉丝数量的两个帐号，为什么所引发的转化结果差别很大？为什么获得回流数据高低不同？投放微博、微信营销，覆盖了相同数量级的用户群，为什么效果仍然天差地别？这些矛盾和差异，在全书许多环节、数据图表中，都有充分体现。

如果忽略掉信息文案质量、时间节点、合作伙伴类型的不同，深入去看这些矛盾背后，能够发现结果都指向信任，即帐号（不管是普通用户还是投放广告选择的大号），他们是如何聚拢起这些听众/粉丝的？采用的方式方法不同，直接左右了双方的信任值，也左右了合作伙伴是否能够通过那些信息、活动影响自己的目标用户等等，这又都体现在最终数字上。

用户是否信赖他所见，这个看不见的因素，左右了社交网络中无数结果的走向。

信任驱除

好友之间及背后的信任背书，决定了用户是否愿意追随一个帐号去点击、下载、购买、讨论某个现象或事件。对于信息流动、分享、转化是如此之重要，以至于丧失信任时，起到的反作用也会更加直接和干脆：当一家企业只是生硬地在社交网络中发布信息时，人们对于这家企业、这条信息的信任尚没有来得及建立，就不会有所行动。或当企业没能实现自己的承诺、提供优质服务时，尽管信息仍在流动，但已然转变成了批评。

这时，更坏的结果或许接踵而至。这并非不可能，就在本书修订之时，一家利用微信营销获得早期部分订单的穿戴式设备创业公司，因为存在迟迟无法普遍交货、前期到货中又发现产品瑕疵太多等问题，因此在微博、微信中招致了如潮般批评。信息有其自然生命力，蕴含的情感容易激发更大的连锁反应，企业所面临的挑战不会小。

我们将这一现象称为“信任驱除”，分别以对广告信息的视而不见、对帐号的取消关注、对信息的屏蔽、对品牌的嘲讽等现象来呈现。不管是信息，还是帐号本身，都面临着信任机制带来的自我清理。如果一个帐号整天在微信中发布骚扰广告，人们对他采取的做法只有一个，就是删除或拉黑；企业或品牌则会被给予“差评”——将垃圾信息从视线中驱除出去、将品牌从自己的信任名单中删除。这种清理机制会直接制约许多广告、营销的行为与效果，有效地维护用户的好友圈子。在本书中，我们还将陆续谈到信息过载、互惠行为建立起来的弱关系、公众帐号打开阅读持续下降等现象，这些都是信任驱除过程中产生的结果。

值得留意的是，信任貌似虚无缥缈，却是社交网络中的基础所在。前Zynga中国区总经理田行智对此提到：许多产品的用户召回，往往也是通过社交网络来进行，一旦失去信任，即使用户回来也会迅速离去。这时，信任成本反而高不可攀。

信任背书也在通过更多方式，改变着社交网络与合作伙伴之间的合作关系。在网上，人们的沟通是逐渐建立信任的过程。绝大多数普通用户在社交网络中会备注签名，公开真实身份，方便其他人了解自己。这个动作和微博中对名人、专家采取实名认证的原因基本一致，都是为赢得陌生人的信任奠定基础。许多陌生人交友工具会鼓励用户绑定已有的社交帐号，尤其是微博帐号，一方面是充分利用关系链之利，另一方面也在充分利用身份关联背后的信任背书。

02

媒介重组与权力再分配

2013年央视“3·15”晚会如往年一样引发了巨大关注，但这种关注和过去相比有着很大不同，公众由高度关注央视揭露的无良品牌，演变成一场对于这个有着巨大权威与话语权的电视台揶揄的狂欢。

3月15日当晚，央视第一轮揭露对消费者不公的炮火轰向了苹果公司，包括明星何润东、郑渊洁等在内的大V帐号（有着诸多粉丝/听众的微博帐号的俗称），也在微博上发布了质疑苹果售后政策不公的疑问。其中何润东微博中出现了“大概8点20发”字样，敏感的公众迅速认定这是央视在操纵大号，利用虚假方式为自己造势。

在此期间，央视和大V们对此的解释，以及何润东删除微博、宣称微博被盗、报警处理等一切方式，都没有消除公众的怀疑。“大概8点20发”迅速成为热点事件，公众们自编了许多段子发在这个话题之下。人们反而开始同情被质疑的苹果公司，继而削弱了人们和媒体对其他侵权公司及产品的关注度。

2012年，央视“3·15”晚会也有过类似局面。当年“3·15”晚会上，央视曝光麦当劳三里屯店的过期肉制品没有按规定扔掉，而是放在保温箱里继续待售。晚会播出后，部分公众认为，权威媒体的重心更应倾斜在地沟油、奶粉安全，和日益严重的食品安全问题上。这样的反应出乎人意料。

央视的遭遇反映出了媒体的现状，在社交网络不断壮大的今天，过去的媒介权威不断遭受挑战。有意思的是，吐槽包括绝大多数圈内人：媒体记者也纷纷撰文在各类网站、公众帐号、微博帐号上发表自己的观点。吐槽由事件触发，在微博、微信中展开，经由公众演绎演变成一个热点，又成为媒体热点再度落地。

微博与微信的双双崛起，使得公众参与的门槛极大降低，每个人的帐号都可以看作是一个“自媒体”帐号。自媒体帐号的极大丰富，带来舆论评价声音的极大丰富，继而带来传播形式与获取方式的变化，推动媒介改变与媒介权力再分配。

这种改变有别于过去的博客时代。2004年前后博客崛起时，门户网站很快接管了博客这一市场，并将之消化为自己的频道之一，博客壮大了用户生成内容（User Generated Content，UGC）模式，但变成频道之后，依然秉承了网络媒体的操作方式：编辑推荐制。只不过新闻频道推荐的是各个纸媒或电视采写的新闻报道，博客频道推荐的是用户撰写的精彩博文。在这一点上，门户网站改良了传统媒体，却没有带来根本变化，发声的主流依然是传统意义上的媒体和专家。

现在所处的社交时代里，任何一个单向媒体都无法满足公众对于信息的渴求，哪怕它过去是权威的代名词。去中心化的架构导致了任何一个帐号和用户都是一个传播节点，编辑已经无法对其控制。

变迁刚刚开始

最先开始变化的是内容本身。视频网站Youtube崛起前后，就让许多身处新闻现场的普通人成为“撰写/拍摄”报道的核心。世界上每天大事小情随时随地发生，记者总是无法及时出现在现场，但普通民众一定有人在那里，他们甚至就是当事人。博客在发展过程中也扮演过类似的角色。社交网络的大规模普及，让这一切变得更加容易：拍摄视频、撰写博客、发布出来。无论从哪一个角度上看，普通大众做这些都是难度比较大的，需要更长时间和略为专业的整理。而通过微博，一句话一张照片就可以迅速传递。尤其是随着现场诸多人的共同补充，以及场外更多人意见的表达，事件拼图被不断丰富和完善，形成众人汇智的局面。

随后是阅读习惯的变迁，在微信、微博、QQ空间等各类社交网络上，人们更加依赖阅读好友们推荐的文章与链接，尤其是他们发出的关于新鲜好玩事物的信息。获取资讯的渠道和行为方式的改变，为现有媒介带来了麻烦，致使传统平面媒体在过去的2013年中遭遇了更大的变局，许多知名媒体开始并刊、调整部门等，知名家电企业海尔也公开声明中断投放硬广。

变化背后折射出媒介权力的变迁，即人们不再依赖过去的权威媒体。媒介权力的迁移速度超过过去任何一个时代。在网络媒体时代，这一过程已经不可避免地从传统媒体部分让渡到了网络媒体身上，但当社交网络蓬勃发展时，更多的媒介权力开始转移到社交网络中每一位真实用户手上。如前所述，**这种变迁源于好友关系链及依附在其上的信任**，不再是对“专家”和媒介身份的盲目崇拜。央视“3・15”晚会风波即为例证之一。

迁移刚刚展开，速度会越来越快。

这其中，生产方式的变化再次激活了原创作者们的活力。有一定规模的微博内容帐号与微信公众帐号已数百万计（截至2013年年底，微信公众帐号已超300万个）。媒体遭遇的变化中也部分体现于此：许多编辑、记者开始创建和维护自己的公众帐号，一如此前他们维护自己的博客一样。

只是，狭义的“自媒体”会类似于博客：能长期、持续、稳定地提供优质内容的帐号，注定为数稀少，质量不稳定会自然限制这个群体的壮大。广义上，**每个有影响力的用户都将变成自媒体**，不管是名人明星，已成规模的微博内容大帐号、微信公众帐号，还是普通用户，都会不断承接着由信任赋予的新媒介权力。媒介流失的权力很大一部分会返还给每一位民众、每一个专业人士。

如在媒体大篇幅讨伐快餐行业使用“速生鸡”事件中，就有许多普通民众在微博中发表长微博，指出在科技发展的今天，品种优化使得禽类45天出栏并不是“速生”。这些普通专业人士发出的声音在社交网络中反而被更多人采信。类似一幕发生在2013年10月，央视报道质疑星巴克暴利等类似事件中再度发生，有着专业素养的民众越来越便利于发声，挑战过去权威媒体做出的不正确结论。

人们更接受一篇好报道，而不是整个媒体

民众在社交网络中获得的媒介权力，不论它有多大、能够覆盖多少人群，都会不可避免地发生作用，尤其是结合好友间的信任背书。这样的案例日常所见更多：

> 湖南卫视《我是歌手》节目吸引了不少用户的目光。在腾讯微博上，有一位用户写道："好久没看电视，最近听说了《我是歌手》节目，便上网看看。听到黄贯中的《海阔天空》，眼泪莫名其妙地不停往下流，感动得不行！"
>
> 每次《我是歌手》节目播出时，微博之上的讨论就会拉出一个绝对高峰，继而伴随着收视的走高。这往往成为一个互相拉动的过程（如图1-2-1所示）。

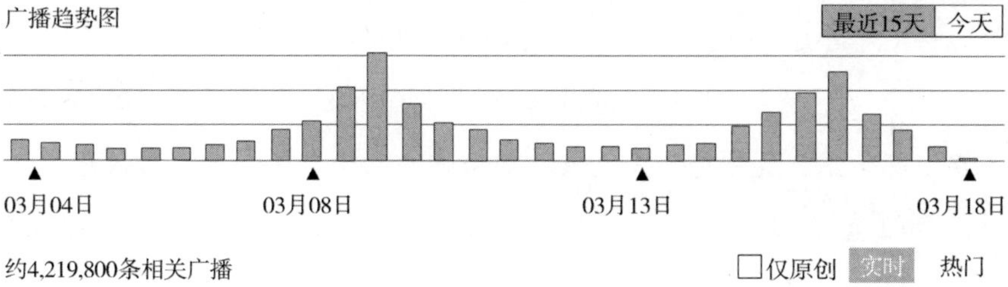

图1-2-1

用户并不会满足过去单向的信息接收，他们希望互动，希望将自己的感受发在微博、微信朋友圈或者好友群内。这些讨论扩散开的同时，又协助将已经流失的用户拉回到《我是歌手》这一节目中来——而不是

别的节目。电视台、报纸、杂志都开始变得碎片化，**人们更容易也更愿意接受某一节目、某一篇文章，而不是一个整体。**这种碎片便于流动、便于分享，也便于接收来自社交网络的关注度与流量。

这并非个例，湖南卫视的另一档节目《爸爸去哪儿》，与浙江卫视的《中国好声音》也画出了类似漂亮的数据曲线。《认知盈余》一书对于这一现象有过相同描述：拥有更快捷互动媒介的年轻一代正在把他们的行为从单纯对媒介的消费中转变过来。甚至当他们观看在线视频的时候，这种行为看似和看电视没什么两样，但他们有机会针对这些素材进行评论、分享、贴上标签、评分或者排名，当然，还可以和世界上其他的观众一起讨论。

新的充沛流动的信息，必将带来新的媒介形式的变化与更替，接管一些传统媒体中流失的媒介权力。满足这些需求的应用将会获得更大的发展空间：我们不再将之称为媒体或网站，是因为不管是媒体还是网站，在今天社交网络中都可以看成是一个个独立的应用或帐号，它们都将以一个个碎片化状态存在于社交网络中。

综观今天平面媒体所遭遇的困局，部分来源于过去提供资讯、与用户接触的方式，无法适应今天人们碎裂到“粉尘”一样的沟通状态，以及信息传递、获取的方式，无法便利地满足人们希望互动、希望分享的诉求。社交网络提供的和新闻当事人、名人帐号的直接“面对面”，在一定程度上消除了媒体优势。但这并不意味着今天的局面将一直持续下去，如各类资讯网站在网络时代崛起一样，媒体也将在社交时代重新找到属于自己的生存方式。

在新的找寻中我们已然看到，在社交时代，人们反而会产生一种“反社交”行为。朋友圈中尤其明显：如果打开好友们的朋友圈，会看到他们关于深度文章的阅读分享正占有越来越大的比重。“粉尘”一样的沟通并没有改变人们渴求好信息、好报道，乃至好服务的需求。在更轻易挑战错误报道、不正确结论的同时，庞大的用户群体也在寻找着优质信息，消费并分享推荐出去。专业而有厚度、有价值的信息仍然是稀缺的、珍贵的。

新的不平等

当媒介权力开始返还给普通用户，即由他们所发出的一条条细碎的信息时，在关系链中信任背书的推力下，遭遇变化的不仅仅是媒体或者信息、资讯的阅读本身，还有敏感的企业，如他们一直致力塑造和维护的品牌、下载、购买等与信息传播紧密相关的行为或结果，都将受到很大的冲击。

在过去，企业习惯于通过有限数量的媒体做好公关、广告等传播行为，就足够简单而有效地塑造品牌，并将之和销售结果紧密联系起来。到今天，当用户的时间与注意力进入到“粉尘”一样的朋友间聊天、互动行为中时，过去的行为模式就不可避免地发生了改变。这给企业带来了和媒体同样的困惑，只是，这种困惑远比媒体复杂得多。

任何一家大型机构和企业、知名品牌，都和普通用户一样，在社交网络中都只是帐号与帐号的平等存在。**即便这个帐号再大，收听/关注的订阅、粉丝再多，依然只是一个有着局限性的帐号，而无法进入所有普通用户的时间与分享中。**且由于每个人好友范围、关系链都不同，导致他们看到的世界与接收到的信息都不尽相同（第三章“关系链壁垒”第一节“你的好友即整个世界”将会就此展开详细讨论），也导致他们的沟通与讨论无法被企业所感知——尤其当沟通平台是私密的社交网络（比如微信）时，不管是赞扬还是投诉批评，都将企业隔绝在外。一方面因为不是用户的好友，企业对这些批评茫然无感知，无法做出有效回应。另一方面，不慎地回应，会对企业和品牌造成巨大伤害。这反而造成了一种新的“不平等”，即企业苦心塑造、维护的品牌，在用户评论中可能轻而易举就被瓦解——尤其是当服务瑕疵、产品瑕疵引发的民众批评铺天盖地而来，充斥在各大社交网络中时，这种结果很可能发生。这和过去普通用户在企业和机构面前容易被忽视的“不平等”截然相反。

当然，新的环境也为新兴品牌的崛起提供了广袤的空间，不管从任何一个角度看，小米手机都是此中翘楚。帐号与帐号的平等沟通，用户与用户的口口相传，足够迅速奠定起一款新兴品牌的市场地位。这为同行们提供了一个新的借鉴，即如何在媒介权力变化、碎片化沟通的今天，通过一个合适的形式来搜集、汇聚散落在每一位用户手中的权力。

03

分享力

在前言里啪啪案例中，缺少了一个关键环节的数据，即它是如何从创业伊始，一步跨越到享受庞大社交红利的？如果打开后台数据，我们能看到最直接的答案：用户分享大量啪啪信息到社交网络中，啪啪以此带走了这些用户的好友们。在腾讯微博中，这个分享数字是以10万计，加上QQ空间、微信、新浪微博、人人、开心，可能早已超过了40万。这意味着，每天至少有40万用户在将啪啪中的优质内容，分享到所有社交网络中去，带回可观的播放、下载等结果。

另一款定位在手机K歌的应用——“唱吧”，甚至更早采取使用社交网络的方式，它因此所获得的用户数据同样可观。这样的案例还在不断复制中，到了2013年下半年，将照片漫画化的移动应用魔漫相机、手机游戏疯狂猜图和8秒短视频应用微视，新晋成为国民级应用。

珍贵而又稀少的“分享”

分享，是一个重要的基础与能力。不仅仅是上述提及的应用，如果细看抬杠、美丽说、找你妹等应用和游戏，书中提及或将详细分析的案例和数据，分享数量都是一个核心数据。

以疯狂猜图为例，2013年6月上线后，来自这款游戏的信息充沛出现在微信朋友圈、微博之中，造就了一款新的国民级游戏。此后8个月内，疯狂猜图获得了超过1亿激活下载量，仅苹果用户就超过4000万，庞大用户量级的获得，源自其每天超过30万用户的主动分享。

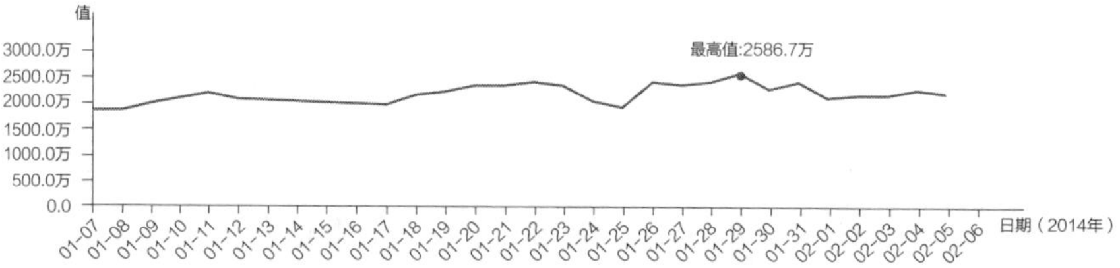

图1-3-1

图1-3-1是一家合作伙伴在一个月内从腾讯旗下各家社交网络中每天获得的回流访问数据截图。每天2000万～2500万流量的获得，都是源自用户分享这个小小的动作。曲线中可见，即便是在为期一个月曲线走势中，仍然在继续向上。回看2013年8月的数据，这条曲线最高点仅为1729万。

在另一无线合作伙伴提供的分享与下载之间转化的数据中，也清晰地显示出分享与下载之间的关系。我们将这些数据放入到表1-3-1中来。这是合作伙伴在发展初期，依靠用户分享从社交网络中获得实际激活下载的情况。无线APP从社交网络中获得的下载数据同样各有不同，可见的数据中，有每天稳定在数万至数十万激活下载量。对比相关知名应用下载市场，这些量级都足够成为有效补充，甚至成为另一个新的有力渠道。

表1-3-1

	分享链接的总点击次数	微信	腾讯微博
		下载按钮点击次数	下载按钮总击点次数
11月2日	149, 895	3, 204	2, 348
10月30日	173, 465	3, 203	3, 086
10月29日	77, 579	1, 333	1, 620
10月27日	66, 849	1, 272	1, 928
10月26日	120, 195	2, 286	2, 538
10月22日	42, 279	833	582
10月19日	49, 121	1, 402	4, 265
10月15日	42, 962	1, 328	1, 373

庞大的用户群从社交网络中点击访问、下载、注册到外界网站或应用中去这一系列的结果，都源于用户分享、发布信息这么一个小小的动作。更多用户以自然的状态将信息分享在社交网络中，可以是视频、音乐、资讯、应用或者其他自己感兴趣的东西，经由关系链，引发自然、真实的互动，引起好友点击、购买、阅读的兴趣。同时，这也改变着品牌和关注度。在这里，每条信息都是一个重要的入口与管道，而**关系开始影响和改变着许多结果。**

对于大多数应用、网站和企业来说，用户主动分享到社交网络的数字、展开的讨论远没有想象中充沛。如一款侧重UGC原创的无线应用，假设它有1000万激活用户量，每天分享出来的信息量很可能不会超过1万条。实际上，**分享是一个极度稀缺又珍贵的动作。**

笔者从事的开放平台部门，每天都会查看并分析“分享”，以及由此延伸的“互动”“回流”等关键数据的前后变化，并结合合作伙伴产品进度与运营情况，推测向上或跌下来的可能原因，据此给出相关优化的建议、意见。从单个信息在某一好友圈中流动扩散引发的数据，可以检测出信息质量、关系链强弱等基础状况。如果将所有用户分享次数、人数等变化，拉长时间到周、月、年来观察，则更多效应、现象、运营机会，以及对应不同行业、领域的连结点还将不断浮现出来。

事实上，发生在社交网络中的一切现象和效应，都要被归结到“分享”这个数据中来，又再度从这个数据中展开，一如图1-3-2对应的两个世界。本书的完成，也是构建在对这个数据观察和研究的基础上的。

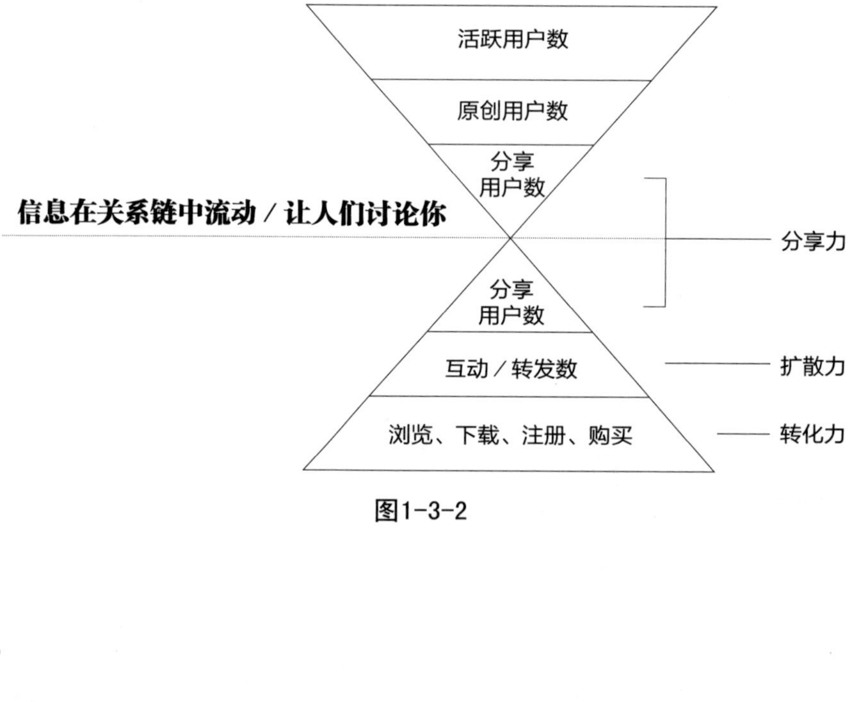

图1-3-2

“分享”同样促使我们回归去思考：如何重新聚焦在提供优质的服务本身？是的，不管是好玩还是有用，推动用户分享、进入产品和服务的关键依然是能够带来价值。

分享力与扩散力

那些优秀应用带给我们的一个思考问题是：他们是如何做到那么大分享量的？

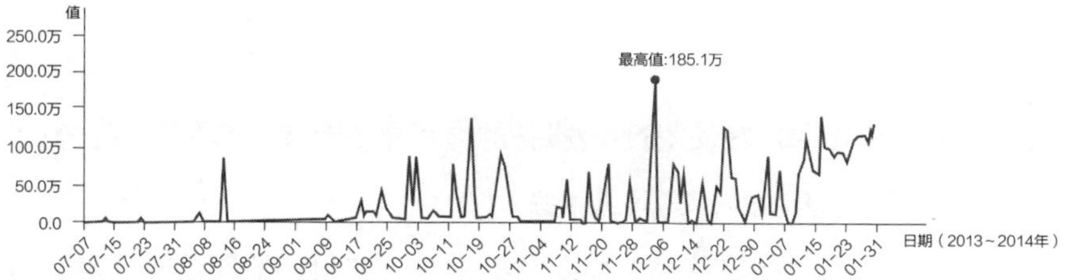

图1-3-3

图1-3-3是一家合作伙伴接入到腾讯微博后获得的用户点击回流访问曲线。这张曲线图中蕴含了两个现象：一是如果我们抹去不断突起的小尖峰，曲线会变成一个经历很长时间的平滑向右、缓慢向上的曲线。经过一段时间的积累后会越过一个时间点，从此获得了很稳定的用户访问流量或下载等。那个平滑向右、缓慢向上的阶段，正是企业逐步适应社交网络过程的写照，越过的时间点，则是典型的“引爆点”。类似曲线还将在第三章第五节“细微分享汇聚出的庞大收益”中见到。事实上，如果将图1-3-1这张高高在上的回流曲线，拉长到3年以上跨度，也将看到类似的成长曲线；二是单独看每一个尖峰数据本身。在这张曲线图

中，该合作伙伴通过运营活动或广告投放，拉动了数个尖峰，并缩短了自己进入数据高位的时间。独立看其中任何一个尖峰，一般会在崛起后迅速回落，大部分现象级话题、应用，都呈现出类似的轨迹，在跌下来后很快消逝，再也不见踪影。业界习惯称为“七天应用”或者“七天效应”，意指在七天之内，这条“尖峰”曲线所带来的效果就会消失，所依附的事件或应用也将归于沉寂。后续章节中，我们还将再次讨论这个现象背后的小应用机遇。

合作伙伴面对分享量与社交红利，正是期望于此：是持续向上的，而非暴涨之后迅速暴跌。这时，我们从中至少看到了两种驱动力量：分享力和扩散力。

分享力是指用户在使用产品/服务的过程中，有多大意愿分享、发布一条信息到自己所在的社交网络中去。

扩散力是指一条信息进入社交网络，进入该用户的朋友圈子后，自然产生的转发、评论等扩散行为的能力。

顺着分享力路径能够发现，所谓应用社交化，并不是指一定要添加各种社交功能或变成一个大帐号，而是在社交网络中更好地为用户展开服务，由此推动用户在各个社交网络中讨论自己。

当信息实现流动和扩散后，则是合作伙伴们都追求的订单转化、注册转化、下载转化等，可以将之称为“转化力”。这考验的是企业运营细节，本书中围绕此所讨论的篇幅不多。

我们可以用一系列问题来帮助理解“分享力”和“扩散力”两种能力，实际上，这也是企业最为关心，追问最多的普遍性问题：用户为什么愿意将一条信息分享给好友？为什么愿意讨论某一款应用，而对同类应用置若罔闻？为什么这条信息脱离了始发者圈子，仍能在更大的人群中像病毒一样爆发？为什么同样两款类似应用，用户分享出了相同数量的信息，从社交网络中获得的红利却天差地别？

在这些追问中可以看出：**检验产品成功与否的一个重要标准是，用户愿不愿意谈论自己。**

社交网络既可以作为用户源泉（红利的来源），也可以作为检验自己产品的试金石。（语出豆瓣公司产品经理张卿的试读回馈）

分享力的匮乏，制约了许多企业获得社交红利，继而导致获得满意结果的企业和创业者数量为数稀少——和分享这个稀缺动作一样，获益的企业尽管从案例上看琳琅满目，但在业界中，仍是一个少数派。业界，尤其被传统产业及营销界关注的微博、微信、QQ空间的案例，大部分是“7天现象”，而非持续的红利获得者。

如果细看，我们能够发现，两种力的提取都指向三个关键：信息如何描述会打动人群？用户愿意将这条内容推荐到多少好友面前？引发了什么量级的转发讨论？我们分别称之为“信息”“关系链”“互动”。

社交红利获取公式

三个关键也是不同社交网络的共同点：用户发出“信息”，用户与用户互相收听关注结成好友“关系链”，相互之间的转发、评论产生“互动”。就像三个基础原点，理解它们，是一窥大型社交网络运作规律的门径所在。所有的社交红利也是来自对这三个原点的观察与组合运用。

我们将推动信息分享及传播的分享力与扩散力，融入这三个原点，提炼出一个简明公式：

收益（社交红利）＝信息×关系链×互动

在这个公式组合中，合作伙伴看到了自己值得优化的切入点：

- **信息像肉**。优化工作基础而有效，略微做出改进后，获得的用户点击与回流效果都截然不同。就像站到用户们中间去一样，在同为帐号的平等存在中，首先做出姿态的调整是一个必然的工作。
- **关系链似骨**。如许多企业追求在微博、微信中做大帐号，但粉丝/听众再多，终究只是少数，关键仍是吸引每一位用户及他们的好友。用户的社交帐号中，都有或多或少的好友，这就是对关系链的简单理解。用户们的好友对于企业而言是弱关系，但对于用户自身则是强关系。强弱之间的影响力截然不同，只有用户主动分享和推荐，信任依附在流动的信息之上，关系链的力量才会充分爆发。
- **互动则像血液一样造成流动**。就像是放大器，推动这些信息流动到更多用户面前，带来更大的效果。“互动”因此也成“流动”的代称。“互动”（评论和转发）的发生本身取决于“信息”文案质量，以及用户好友数量多寡和紧密程度。互动也是最简单、最直接的激励，推动有价值的信息在人群中口口相传流动开来，形成口碑效应和病毒式的传播。

因此，这个公式也可以凝练成一句话：“**让信息在关系链中流动**”，或者“**让人们讨论你**”。

建立一套分享体系或文化

从某个角度上看，“让信息在关系链中流动”是一句基础的理解，获利公式呈现在此之上。**对于实操中的企业而言，谋求建立一套持续、稳定、有效的分享体系/文化，则是在这个理解上可以采取的策略。**放置在本书各章前的思维导图，正是对体系中不同构件的细致拆解。

这套体系/文化，会成为有效区分某一事件是偶尔爆发并将很快消逝的热点，还是将长期根植于用户需求之上的产品与服务的标志之一。

以业界所熟知的小米科技为例，不管是新品发布，还是关于运营活动、日常产品的探讨，以及雷军本人一些观点的分享和讨论，都能成为充沛流动在社交网络中的信息。以至于小米科技组建了一个40人团队每天与用户展开互动、分析回应，为此，品牌和销量都获益巨大。“师兄只能帮你到这里了”“妈妈再打我一次”“元芳，你怎么看？”等则成为了大家相视一笑，又很快遗忘掉的短暂热点事件。

在日常工作中，企业对“信息”“关系链”“互动”三个环节的不同分解与侧重，衍生出不同风格。强调信息的企业与创业团队，以策划和活动见长；强调大号的价值，微博营销多云集于此。实际上，这些着力点，都是致力于构建一套有别于社交平台之外的第三方付费分享体系。我们在介绍关系链的章节中，将会讨论到大节点和大帐号的作用。

这个体系，平台自身亦在努力构建。比如，在微博开始商业化的今天，各种个性化的推荐不断展开，微信公众帐号开始试水广告系统。QQ空间的广点通广告系统，早已是目前市面上最为成功的社交广告/推广体系。

一些技术型创业团队则强调应用与产品，如无线APP和网站会倾向于通过接口和组件的方式综合运用。不同辅助方式的运用及侧重，会在数据体现上差异明显。

如果回到分享力和扩散力、转化力上来看，我们能发现力量首先蕴含在服务和产品中，**即一款优秀的产品所孕育的用户分享与扩散的能力，所蕴含的与用户之间的情感连接，是任何营销都无法具备的。**本书中所叙述的各种现象、效应，以及底层逻辑，更多的是信息来到社交网络之后产生的，可以通过一些对应的方式方法来提振扩散力。**构建一套持续、稳定、有效的体系或文化，有助于优化分享力。**从这一点看，**社交网络反而在推动企业回归产品本身，回归商业和服务本身。**

终究，社交网络是基于人的产品，许多变化、结果受制于人为因素、受制于企业看待这些不同网络的出发点和商业习惯，如此也造就了各自理解与判断的不同，继而带来结果上的差异。企业在构建分享系统的过程中，多半会受到这些影响。

关注核心指标

构建一套持续、稳定、有效的分享体系/文化，也需要建立起一套有效的观察体系。过去，企业通常采取听众/粉丝数量、转发数量等监测方式，这并不可取。一个帐号再大，在社交网络中也只是以一个帐号存在，在庞大而真实的社交网络相当于舍大逐小。

在分享所引发的庞大红利中，最核心的动作是“分享”本身，因此，聚焦于关注用户的真实分享行为，以及由此引发的真实互动（转发、评论），是值得关注的指标。分享会构建起整个体系，信息之上承载的不同作用，会协助完成企业各种期望，不管是品牌、下载、购买，还是获得听众/粉丝本身。微博中如此，微信中同样如此。

表1-3-2

日期	图文页阅读		原文页阅读		分享转发	
	人数	次数	人数	次数	人数	次数
11-13	66,439	115,439	634	771	4,079	5,520
11-12	55,343	90,964	477	614	3,532	4,780
11-11	43,937	69,488	330	407	2,972	3,824
11-10	44,071	73,091	452	570	3,148	4,274
11-09	49,808	82,965	440	554	3,377	4,571
11-08	44,042	73,580	531	671	3,671	4,880

表1-3-3

	图文页阅读次数	原文页阅读次数	分享转发次数	新关注人数	取消关注人数	净增关注人数	累积关注人数
数值	115,439	771	5,520	1,585	31	1,554	69,382
日增长	26.9%	25.6%	15.5%	18.4%	-11.4%	19.2%	2%
周增长	209.2%	7610%	259.8%	312.8%	-11.4%	345.3%	10.5%
月增长	147.1%	1780.5%	83.6%	142.4%	14.8%	147.8%	30.9%

表1-3-2和表1-3-3为微信公众帐号“少年商学院”后台数据，其中表1-3-3的数据取自2013年11月13日。以该微信公众帐号为例，新帐号获得订阅用户的渠道与方式极为狭窄，想要建立起足够有影响力，足够具有品牌价值的公众帐号，非常依赖优质的内容和服务本身。当这些信息被用户充分分享出去时，会带来显著的订阅用户量的增长，这是最

直接的正相关。在当天的数据统计中，“少年商学院”内容分享次数为5520次，信息扩散带来了1554位新订阅用户，并在分享和已有用户的共同作用下，产生了超过11万次页面阅读。相对于6.9万订阅用户，影响力远远扩散在更大的潜在用户群中，他们有可能在未来时间中继续转化为新订阅用户。

在对多个优秀微信公众帐号的观察中会显示出类似数据：优质内容会引发总订阅用户数5%~10%左右的分享次数，当内容击中订阅群体核心需求时，分享数会直接越过这一比例到达30%左右，甚至超过100%。

在图1-3-2中，我们可见，在整体平台中，分享是一个极度珍稀的数据，这和数百万网站、应用同时进入，许多习惯PC为主的网站尚没有建立起合适的分享习惯，从而拉低了均值有关。随着社交网络的发展，部分新推出的无线应用在分享数据上改善良多。合作伙伴ShareSDK（为无线应用提供社会化功能组件）观察到的数据显示，分享量如果占日活跃用户的10%左右，是一款刚越过社交及格线的APP应用，20%算普通，30%以上属于优秀，到50%已非常优秀（会获得5倍以上回流）。依靠这些分享，APP将获得分享量1.5倍~7.6倍不等的回流下载数据。但如果我们将优秀APP日活跃数据大约占总激活用户的10%这个数据纳入，仍然可见一个类似图1-3-2的分享和扩散模型。

数据失真

数据一环扣一环，一个关键数据推动着另一个关键数据的实现，一个动作的坚实促使下一个环节继续坚实。但在实际工作中，总是会看到大量失真的数据与案例，误导许多合作伙伴的判断与投入。在后续描述中，这些将会以案例的形式呈现出来，如海量的分享并没有带来任何互动、回流效果等。

早期数据失真多来自于误读，即对单个付费营销案例的过度解读。需要提及的是，本书中提及的案例和数据虽然不多，仍有意剔除了投放广告的合作伙伴，认为这些数据会导致观察结果的失真（虽然投放也是构建分享体系的有效补充之一）。

随后可能被一些包裹着其他目的的虚假培训所误导。到了今天，大部分数据失真来自于企业过度关注功利结果。如单一追求官方帐号听众/粉丝数量，或在某次活动中追求转发/互动数量，会导致企业购买虚假用户、动用水军转发等虚假动作，或采取有奖转发活动、发布心灵鸡汤信息，乃至“摇一摇”获得部分新增用户等，但这些数字除了暂时的虚荣，没有任何实效。甚至，虚假的用户数量，很快会带来真实用户的退去，以致影响后续转发、互动的数据。

因此，在构建持续、稳定、有效的分享体系/文化背后，不应将对核心指标的关注单纯变成KPI。它们只被用来观测和衡量，而不是作为业绩考核，恰恰还应从这些指标出发，去倒推优化自己的产品、运营、服务环节中的各种细微体验。对于社交红利的获得，**关键就在如何推动真实的用户以他自己的方式分享到自己所在的社交网络中去。**

第二章

信息的重量

信息在社交网络中是个性化且独立的入口，通过它们，用户从熟悉的社交网络中汇聚而来。作为获利公式的第一环，信息的高质量变得无比重要。

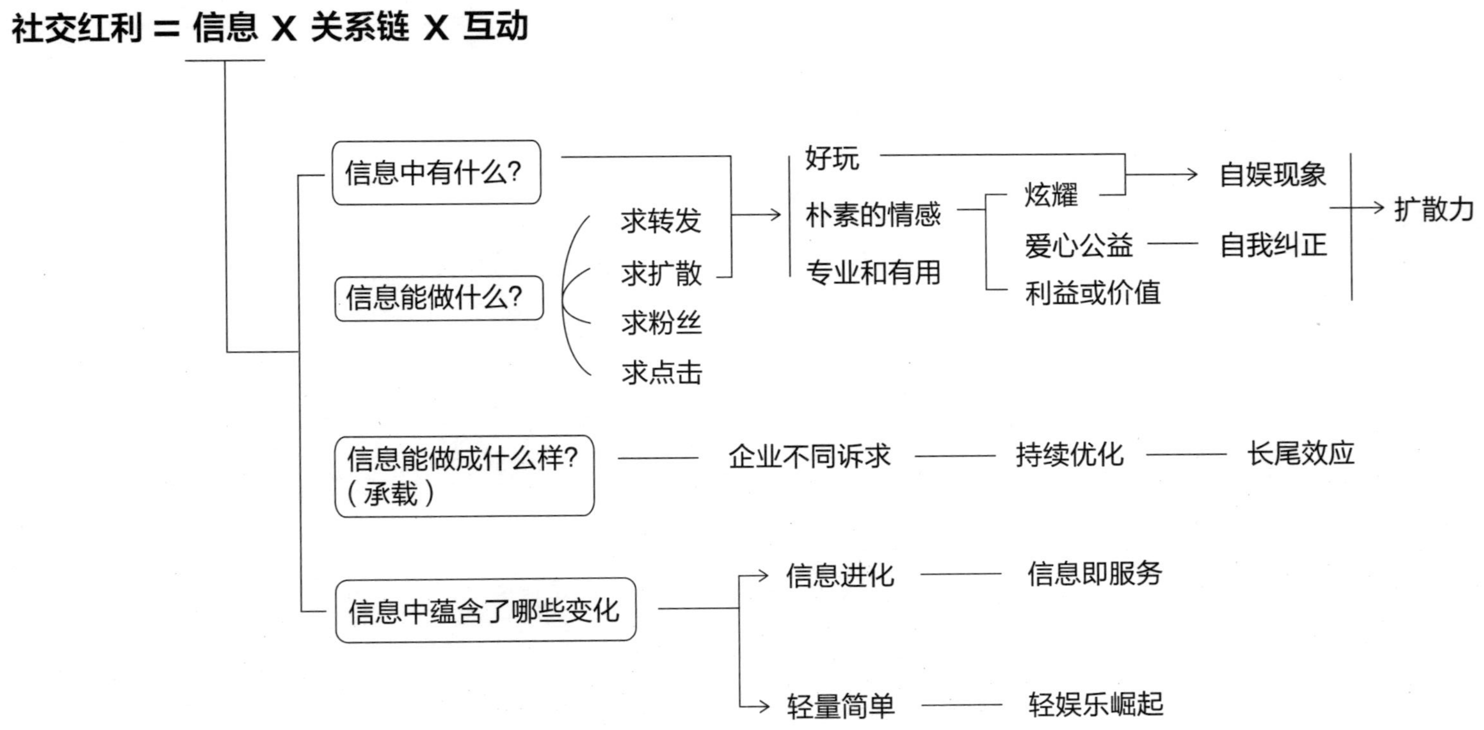
社交红利 = 信息 X 关系链 X 互动
信息中有什么?
信息能做什么?
求转发
求扩散
求粉丝
求点击
好玩
朴素的情感
专业和有用
炫耀
爱心公益
利益或价值
自娱现象
自我纠正
扩散力
信息能做成什么样?（承载）
企业不同诉求
持续优化
长尾效应
信息中蕴含了哪些变化
信息进化
信息即服务
轻量简单
轻娱乐崛起

用户在社交网络“创造/分享→浏览→互动”一连串动作中，创造和分享是最重要的。信息一旦被发布出来，即已经拥有自身生命力，产生作用或大或小，引起转发及覆盖的人群大小不一，即使同一人用不同的表述方式，也会有着截然不同的效果差异。

朴素的情感（炫耀、爱心、利己利他等）是引发作用差别的根本因素。热点事件因此而起，人们围观、参与令自己开心或愤怒的事情，也由此产生了许多无聊的“自娱现象”。当信息纵横流动开来，会将一个个原本分割独立的社交网络连成整体，论坛与微博、微信、QQ空间，在某种意义上成为同一事物的不同映射。

信息本身是简单的，单薄到一条信息只能承载企业一个诉求，不管是获得流量还是转化购买。随着互动的延续，单条信息的承载能力又会悄然增加，完成初期所不能完成的任务。“轻如流水”的状态，改变了大批合作伙伴的自身模样，“轻娱乐”由此而发。

信息也在不断地自我进化，通过让自己变得更加丰富，降低用户和企业进入社交网络的门槛，又在不经意间推开了一扇“信息即应用”的机会窗口，带动新的应用海量崛起，比如微信红包。

01

充沛流动的情感与自娱情结

人们在社交网络中分享的信息和现实中没有什么不同，依然集中在上网、睡觉、看电影、听音乐等这些日常生活里的所见所闻所感（如图2-1-1所示）。如人们在生活中回过头和好友述说一样，有些事情总想分享出来。就算我们的好友都是CEO、总裁、总监，打开微信、微博一看，上面也都充斥了他们晒的食物、宠物，或者旅游、baby的照片。在期待优质信息的同时，也要忍受某些“无聊”的信息。为此，我们更愿意将社交网络称为“生活属性”。微博如此，QQ空间和微信的朋友圈也是如此。

只是在社交网络中，一些信息会受到特别对待，大家更乐于参与分享、发布、转发和评论它们。我们能从这些信息中看到推动它们的因素。

图2-1-1

经常会有一些长长的帖文出现在微信群中，内容是让人哑然失笑的“不转不是中国人”或“惊天大阴谋，为了让更多人看到，赶紧转发”的那种。如2014年年初有一篇名为《大阴谋！为何日本女孩严冬里也光腿穿短裙，而中国人普遍秋裤缠身》的谬作，被反复挂上了“关于秋裤的故事（大家可以不转，但希望是中国人就看看）”等不同标题发布在不同微信公众帐号。这样的信息多半是荒诞不经的描述与结论，过去论坛时代或者QQ群中经常看到，往往下面还有大量“顶”“必须转”“支持”等回应。一次，这个信息发在一个高端微信群中，很快有人在群里回应说，这是谣言，没有必要在群里发。发布者则严肃地反问：万一是真的呢？

群成员是互联网圈子的一些创业者、企业高管和投资人等，信息发布者是一家投资公司的投资人。这句反问让人大跌眼镜。理论上的高端用户，为什么也会愿意转发并维护明显是荒诞的信息？

纵观这些信息，荒诞并没有因为产品和渠道的不同而有什么变化。它们出现在QQ群中、论坛里，同样出现在了快速崛起的微信中。在知乎网站上，甚至还有人因此苦恼而求教：如何能让好友不在朋友圈中发“心灵鸡汤”的内容？“高雅各有不同，低俗却惊人地一致”，面对自己不熟悉的领域与事物，精英人群与草根用户没有本质不同。

自我纠正和自我清理

发布者的反问很有代表性，转发的初衷是期望自己的朋友们看一看这个信息，以避免被帖文中提到的问题伤及。他其实是心存善意，希望帮助他人，希望这条信息有用。在这一初衷下，许多原本值得商榷的信息流动开来，包括那些荒诞信息、善意谎言等。

同样的动机由此产生另一种现象，即自然澄清与纠正机制，人们不仅会转发可能带来帮助的信息，也愿意澄清、补充不准确和不完整的信息。这种机制在互联网中随处可见，社交网络中更是如此，失真信息开始传播时，用户会挺身而出，纠正或分享出正确的信息，几乎每条传播甚广的失真信息，在社交网络中都得到了自我纠正和自我清理。上述“秋裤阴谋论”，在知乎网站上就能看到有长篇问答驳斥其中荒谬之处。

社交网络中，这种自我清理与纠正更是反应迅速。2014年3月，在马来西亚航空公司MH370航班失联事件中，不同社交网络出现了一些虽然充满善意但明显系伪造的信息，给关注这一事件的民众带来一些困扰。即使在大部分可见的微信群中，都有许多人站出来指正好友。随后，更多用户通过社交网络发出了“不转发未知来源消息”的倡议。

可识别动力：朴素的情感

上述发布者的反问，我们可以形容为“泛滥的爱心”，是推动信息流动的一个可识别动力。如你所见，微博上一条“朋友受伤需要献血”，或者“寻找丢失小孩”的信息总是能引发大量转发，哪怕自己帮不上忙，也会善意地写上一句“希望能帮上忙的人看到”。腾讯微博早期，还出现过多次用户们挺身而出，协助农民渡过因渠道不畅而遭受蔬菜、水果等销售困境的案例。

社交网络的崛起，极大降低了公众表达爱心、参与公益和慈善的门槛和成本，能用一个简单的转发动作帮到别人，使得大家乐于如此，正如人们常说的“正能量”。

2013年3月6日，广州发生一起“小贩事件”。当地城管在试图驱赶一名占道违规经营的女小贩过程中与之发生争执，有执法人员上去掐住小贩脖子意图放倒她。小贩的孩子被吓到，在一旁放声大哭。这个过程经过在场用户拍摄并发布微博后，引发了网民对广州城管的如潮批评。

事件发生时正值敏感的“两会”期间，城管部门迅速通过媒体进行澄清，希望这件事可以平息。但事件的发展并没有按照预期进行，而是在后续几天持续发酵，小贩投诉称自己受到了身体伤害。一周时间内，至少有24万名网民通过微博表达了自己的意见，绝大多数站在批评城管的立场上。

这件事情并非孤例。在此后，“延安城管跳踩商户头部”“湖南临武城管打死瓜农”等恶性事件引发了更大范围的持续关注，主流媒体纷纷跟进批评报道。很长一段时间内，类似“网传苏州城管围殴女摊贩”“城管局长皇宫般别墅”“江苏公务员报考城管热”“厦门女业主舌战4车城管”等事件都纷扬于社交网络中，围观人数成一时之盛。类似的还有各种“表哥”“房姐”“雷政富事件”“红十字会事件”等，都是其中典型代表。

“爱心”之下也包含着其他类似的情感，如援助弱者的“侠义心”。和助人为乐一样，微博上施以援手打抱不平、维护自身权益的成本也极大降低，一次转发就能帮助弱小群体的成就感在激励着大众。一度，“围观改变中国”这个提法被媒体提出，让公众为之一振。

热点事件中，“侠义心”占据着非常大的比重，也裹挟着相应的负面情绪。表面上看，情绪会起到非常大的作用，致使负面事件激起更大的社会反响，背后依然是人们希望自己的生活更加美好，希望有所改变。因此将它们都归纳到朴素的情感中来。

可被识别的推力：炫耀

炫耀（用“嘚瑟”这个词也毫不为过）是另一个可被简单识别的重要推力，在博客与微博发展早期发挥了巨大作用，部分用户晒出自己隐私的目的正是希望被关注。相比在熟人面前炫耀，陌生人营造氛围所起的作用更为显著。陌生人交友工具友加的CEO胡铸韬观察到，用户很愿意找一个地方秀给其他草根用户看，秀的同时包含了炫耀和比拼，如用户升级了、粉丝数涨了、自己开秀场了等。当然，这些炫耀的结果，用户还愿意分享到更多地方去。也因为这个特点，在社交网络尤其是微博中，“炫富”“炫干爹”等引发社会强烈关注的事件层出不穷，不胜枚举。如“郭美美炫富”事件引发业界对红十字会的质疑，至今仍在震荡不已。

自助激励

产品和应用中，微信推出的“打飞机”游戏受益于炫耀心最为典型。在分享中，对于积分、排名的变化，引发了其他好友互相竞赛，推动了这款小小的游戏在一周内即成为业内最火的轻娱乐游戏。

我们看到，通过这款游戏分享出来的信息，用户在自我寻找、发现属于自己的激励。今天业界大部分游戏，激励多是系统给出，如获得多少金币、升多少级、获得什么装备，等等。打飞机中分享出来的信息则有些不同：你总分打了多少，我在好友中排名多少，他在一个有限时间内获得了多少分，每个人开心的标准都不同，找到的激励点也都不同，每一位用户都能在分享的信息中找到自己的快感。

社交，将游戏提供的统一、即时激励，与用户自创造、分享互动融合在了一起，催生出了新的“自助激励”现象。企业只需要创造一个场景，让用户自己去发现和寻找。往往，自助激励不仅能扩散信息，在转化注册、黏着留存上也有不俗表现。

自娱现象

在社交网络中，自助激励常常被另外一个现象牢牢掩盖住，就是自娱现象。充沛流动的信息还缘于好奇、八卦之心，所谓“八卦之心人皆有之”。自娱现象多指人们在消费某一事件时，围绕相关信息展开各种改编、创造的行为，由于总是伴随着戏谑、八卦，更像是一种消遣娱乐。

前述提到的央视“3·15”晚会引发的公众关注，就有许多网民自发创造了带有“大概8点20发”的微博内容，类似反应在更多热门事件中见到，不论正面负面。如“国足1∶5惨败泰国”事件中，这样的信息被球迷改写成诸多版本，并被媒体进行了报道：

“体育总局、中国足协各位领导好！我们是西安外国语大学校队，十分热爱踢球，自认为水平粗烂，与国家队相当，能为国足提供良好的热身机遇。特在此约战中国国家男子足球队，望近期在西外情歌球场进行热身比赛。若打平或输球，愿承担国足此行一切费用！请复函！”

当媒体报道北京五道口的二手房价最高报出10万元一平方米的新闻之后，公众开始将五道口调侃为“宇宙中心”，纷纷对这一现象进行娱乐化创作。到2014年3月份，台湾一教授在一档综艺节目中称内地居民吃不起“茶叶蛋”，更是激发了大众的娱乐细胞（如图2-1-2所示）。

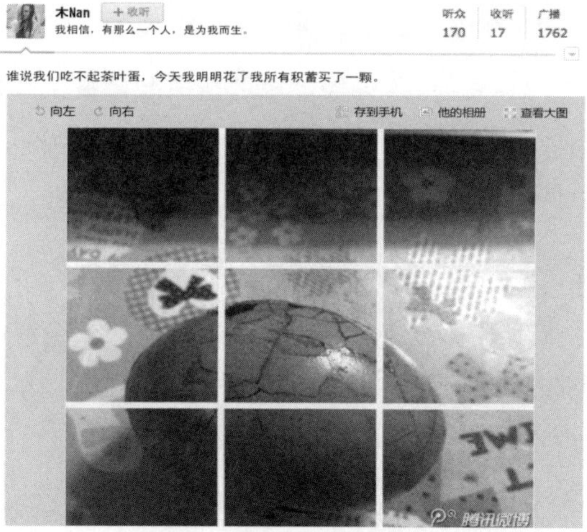

图2-1-2

事实上，在任何一个疯传的热点背后，都有这样的自娱现象伴生，其所需土壤非常简单：一个热点事件或具有成为热点潜质的事件、简单加好玩的槽点、可快速和低成本地进行再创造，就能够引发朋友间的调侃讨论、自媒体分享，或者是大批传统媒体的跟进报道。

在2014年之前，自娱现象在社交网络中更多作为热门事件的辅助现象出现，直到2014年春节，微信“抢红包”创下了一个新的尖峰，开始深度影响完全不一样的领域。春节前夕，财付通产品经理推出了一个“新年红包”公众帐号，用户可以在其中绑定银行卡，包一个数字红包发给亲友。就这么一个小小的产品，激发起了无数用户在春节期间发、抢红包的热情。

在微信朋友圈中，我们看到了许多围绕红包而衍生出来的小故事：许多红包微信群被迅速建立起来，一些“土豪”纷纷被邀请加入；在群内，接龙的游戏也开展了起来，手气好的用户被要求接着发下一个红包，一个大群一天之内甚至发出几百个；有的女孩子干脆拉群，将各自男友拉进来，“挖掘”来自他们的红包。2014年春节期间，抢红包成为了线上全民娱乐之一。根据官方公布的数据，平均50个红包最快在1.7秒就被抢空，最高一人一天抢走800个红包。参与其中的人，并没有多少在意每次抢到的几元几角，更多的是将之作为一个轻松的娱乐，不管是在线下亲友聚会、拜年过程中，还是在消耗春节期间中大把空出的无聊时间，“抢”和“发”之间都是一种娱乐。

在这种自娱现象中，微信红包代表的互联网金融服务，用最短的时间迅速扩散到了大众面前，如果采用传统市场手法，或许会需要数年之功。

自娱的本质

自娱现象不是社交网络的专利，它出现在任何能出现的地方，甚至造就了非常火爆的“无跟帖不新闻”的网易跟帖文化。有些还略带小恶作剧，如在QQ时代，类似这样的信息就十分流行：

> 注意了，今天是某某公司老板的生日，只要把这条信息传到3个群以上，你的QQ就会连升6级。我试过了，是真的，还有10Q币到账。反正不是坏事，发完10秒后，看看自己的头像。

公众希望在热门事件中表达自己的观点和意见，希望用自己独有的、最简单的方式来消费热门事件，哪怕这些小创造什么都不是，什么都改变不了，他们也乐于如此。不管是微博还是微信，所带来的玩法的简单以及参与的开放性和扩散性，都放大了自娱现象。

自娱的本质仍是人们消费热点事件和一些有趣的事情，包括身边友人，所以常见这些信息被分享到微博上来，人们再互相打趣。其实，娱乐不一定就是玩游戏、看电视和看电影，比如看一些轻松的微博段子、朋友圈中友人的信息，看QQ空间等，这本身就是一种轻松的娱乐。

在社交网络中，自娱现象还提供着另一个作用，即满足着人们的参与感和存在感。在帐号与帐号呈水平状态的沟通中，单向的说教并不具有价值，用户的主动参与会极大地激发他所在关系链（朋友圈子）的热情，并创造出令企业也无法预测出的效果。这一特点可以称为“一起玩”，即邀请用户参与到某一文化、现象的创造过程中来，形成新的文化和现象。

从某种程度上说，“自娱现象”虽然掩盖住了“自助激励”，但在参与创造、“一起玩”的过程中，用户会用自己的方式寻找“自助激励”，继而也会引发一些“自娱现象”。将炫耀与自娱融合在一起，能看到越是娱乐化的应用和事件，越受人们青睐。自助激励充分激发了大家的炫耀心理，这些炫耀在好友间（尤其是死党和闺蜜间）扩散时，又会激起他们的互相打趣，继而催生了各种很自娱现象，并因此吸引进来更多的潜在用户群，信息因此扩散得越来越大。有时，**我们甚至将炫耀（嘚瑟），称之为继美女之后的推动互联网发展的又一大动力。**

就此而言，自助激励和自娱现象，不再单单适用于轻娱乐、游戏，而是可以被广泛使用在大量市场、营销活动、内容上。

挡不住的轻娱乐需求

我们分析腾讯微博上部分用户的数据后发现，75后人群对于内容轻松的心灵鸡汤、幽默的信息需求大多排在前列。这一人群是社会中坚，阅历丰富，在企业中也多处在领导岗位，似乎会更加关注时政、行业资讯。分析结果却表明，这几类信息关注度虽然在这一人群中占有较高比重，也远远超越其他年龄人群，但依然没有冲淡他们对轻松、娱乐等内容的渴求程度。80后、85后、90后对此需求也都排在了前三，直到95后才对此不屑一顾。这表明，再严肃的人群也挡不住对轻娱乐的需求。

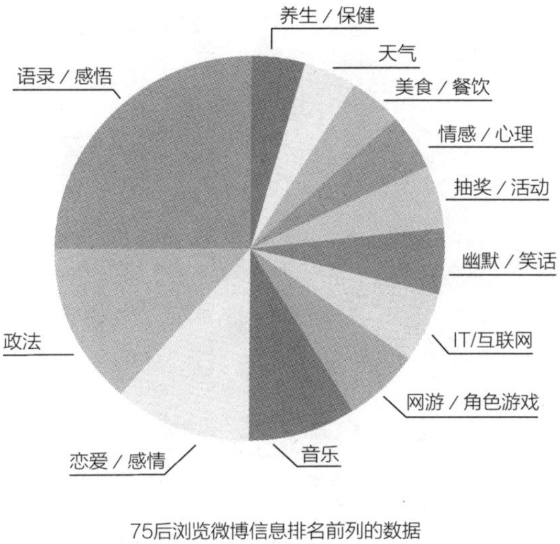

图2-1-3　75后对微博分类信息的浏览比例

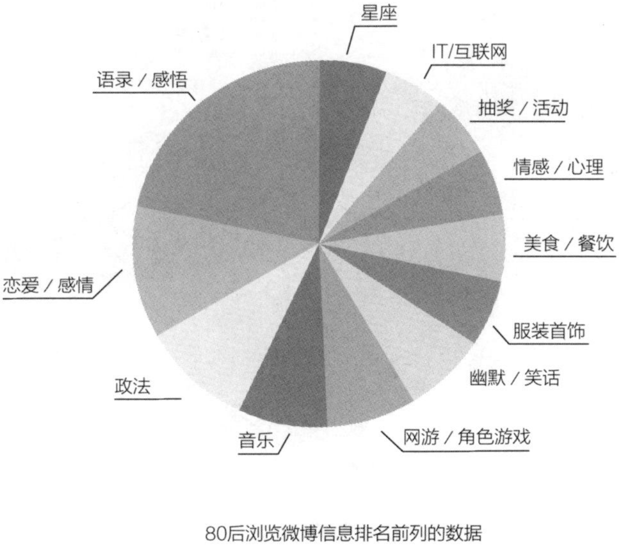

图2-1-4　80后对微博分类信息的浏览比例

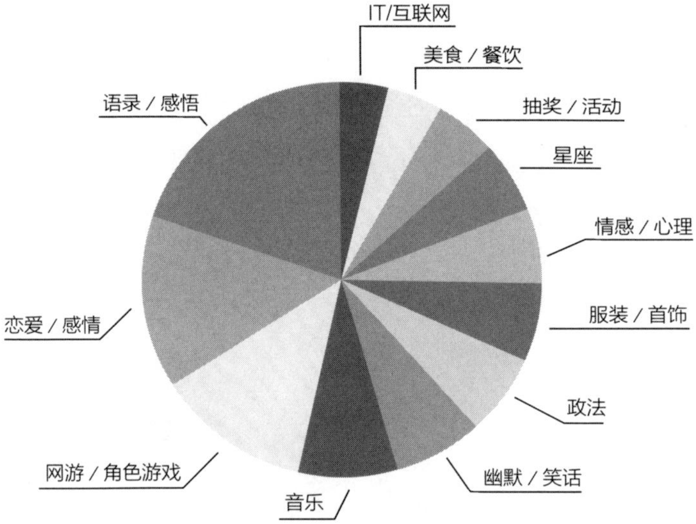

图2-1-5　85后对微博分类信息的浏览比例

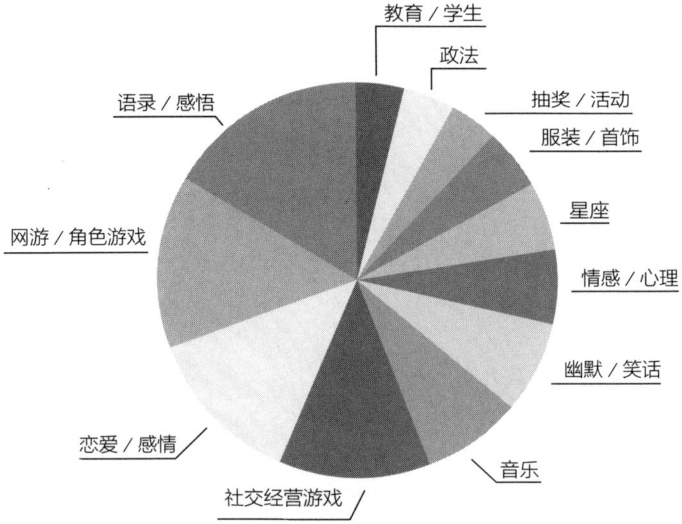

图2-1-6　90后对微博分类信息的浏览比例

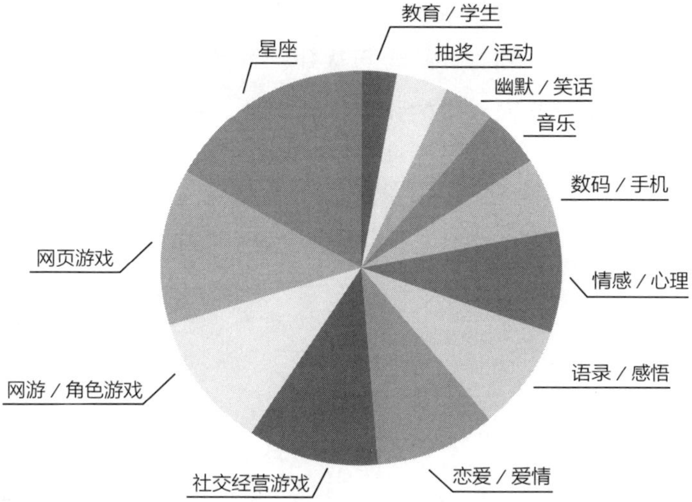

图2-1-7　95后对微博分类信息的浏览比例

在这些不同年龄的人群中，数据之间有很多相同之处，即对轻松内容的需求和获利需求（如对抽奖活动的参与和关注上）。这也包含了很多人群之间不同的特点，如80后对星座、服装的关注是75后所没有的。越过这两个对时政最为关注的人群，85后及更年轻的群体对于情感、服装、星座兴趣投放了更多注意力。

越是在工作和现实中煎熬的人们，对于能激励或逃避一时的内容需求就越大，心灵鸡汤和语录满足的就是这个需求。**无聊的自娱提供的是廉价的自我娱乐，哪怕这些内容没有产生价值。**

数据中，广泛存在的获利（利己和利他）诉求，也满足着一个现状：如果人们能够在打发无聊时间的同时，能为自己或朋友们带来些利益上的累积，那么这就是件再好不过的事情。这也直接催生了我们将在后续内容中重点提及的"获利冲动"现象。社交网络中，获利冲动也是推动用户活跃与信息流动的另一大关键因素。

爱心、侠义心、炫耀、好奇与八卦、利己和利他，勾勒出真实的用户，反映出在社交网络中的人们，希望自己扮演的角色或者希望过的生活。

02

信息的四种作用

每天浏览许多微信公众帐号的内容，会看到运营者在内容中都留有如下类似内容：

如果你喜欢我们的内容，欢迎点击手机右上角按钮，“分享到朋友圈”；关注方式，点击手机右上角按钮，“查看公众帐号”可关注我们，或直接微信扫描一下二维码添加。

有些还制作成图片，更为美观，或者叙述步骤更加详细，语言更风趣。观察这些内容，和早期微博中一些内容帐号互相推荐“喜欢就收听××吧”颇有异曲同工的地方。

从这些细节中，我们看到不同的信息在承担着不同的使命。从愿望出发，企业总是希望发布的信息给自己带来四种结果，分别是：带来高质量的转发互动（求转发）、带来口碑（求扩散）和吸引目标用户群（求听众求粉丝求订阅）、吸引用户点击链接或购买（求点击求购买）。我们可以从具体典型信息中来感知其中不同的诉求，以及由此带来的表现差异：

• **求转发**。求转发的本质，是企业官方帐号将更多用户的转发、评论聚拢在一条信息之下，保障发布的官方信息不失真，也可将用户对某一事件的评价、需求汇聚到一起观察统计，方便提供基于信息之上的服务。

2014年3月21日，腾讯以公司名义开通微博官方帐号，发布了第一条信息："我们曾左思右想，这历史性的第一篇微博中该说些什么。反复思忖后，还是决定直抒胸臆：我们是来'讨骂'的！希望你不论有何不爽，都能惦记起，从今天起，这里有一只满头大汗的企鹅，正在战战兢兢地等待你的迎头痛斥。"信息发出后，数万条转发、评论云集而来，腾讯公司在详细回答这些问题之余，也在多个平台上获得了超高的用户关注度。后续发布的信息中，这一风格被长期保持。

求转发（分享）的特点，在微信公众帐号中体现明显。从某种程度上看，微信公众帐号少有其他途径来获得订阅，优质内容的被转发、被分享是最主要渠道。因此，打开大部分公众帐号内容，多在文章最末鼓励用户分享出去。

产生高互动、高转发的内容，会看到其三大特点：一是有用。所谓的"干货"是引发公众帐号、帖子/文章分享、收藏的最大动力；二是好玩。微博微信本就是轻娱乐，本就是大玩具。因此，轻松好玩的东西总能获得最大扩散。三是朴素的情感。能帮助他人（爱心和公益）、有共鸣是引发高转发的另一大动力。这三者也是信息流动背后最有效的推动力之一。

如果能够简化用户浏览的过程，那么转发数量还将持续上升。2013年3月，笔者曾发一条长微博《关于一个高富帅的离开：房子悲情与国五条》，讲述房价与房租的飙涨现象，这条微博随后有500位粉丝/听众进行了转发，超过了以往微博转发数倍。转发的提高和两个特点相关；一是内容本身，房价与房租是当下的热点，是许多工薪族的心头痛。在转发中看到了大量转发并主动@其他好友的现象，显示出这一话题在不同群体中的热度与关注度，也就是刚提及的朴素的情感；二是发长微博导致的闭环便利，听众点开长微博浏览文章的内容后可以直接讨论转发。以往形式则是发出文章及链接，听众需要跳出微博页面访问浏览，无法便利地讨论。转发数量提升，带来了听众量的增长。当天被转发过程中，有近40位高质量用户收听了笔者的微博帐号，里面有10位认证用户，其余也都有稳定的听众数量。

发布微博内容形式的细微调整，带来行为的极大改变。一个小便利的提供，促使信息流动到更多用户面前，继而引发了更大的覆盖效果。

- **求扩散**。求扩散与求转发不同，扩散更多是用户以自己的创造，来解构、消费某一事件或品牌。在这个诉求里，内容的版权需要忽略甚至放弃，以此激发用户的再创造。比如凡客体在网上形成风潮时，关于陌陌的恋人之间距离的段子在不断被翻新，这既是用户自娱创造的结果，也是企业苦心推动的结果，没有人会跳出来声明版权。这些现象，为凡客的品牌塑造起到了很大帮助，也一度是陌陌在用户过亿前的一个巨大用户数跃升点。

求扩散中，自娱现象、自助激励、用户的“嘚瑟”是最为核心的选择。如“猪投上海”事件中，一位用户用腾讯微博上的“漫画君”

应用创造了一幅简单漫画（如图2-2-1所示）。大意说，投江的猪不是被冻死的，而是被有关部门的表态冷死的（当时地方政府对外表态说，上海在江中捞起的死猪是因为天气原因冻死）。这幅漫画随后被部分微博内容帐号采用发布，流传开来。

图2-2-1

另一个典型案例出自韩国，也同样发生在我们身边。2012年7月，韩国歌手PSY（鸟叔）发布《江南Style》歌曲MV，开始了其迅速风行的旅程。52天后，该MV在YouTube获得了超过1亿次播放量，到当年12月更超10亿，成为YouTube历史上播放次数最多的视频之一。整个2012年下半年，这段视频像病毒一样流传在各个社交网络、各个媒介上。

PSY放弃MV版权的做法，加上原生视频本身所蕴含的诸多反讽的镜头，搞怪的骑马舞动作，为公众自己拍摄、改编各种模仿视频奠定了基础。此后模仿版本之广超过想象，从网上新闻查询可见，其中包括了大学、监狱、景区、名人政要等，甚至联合国秘书长潘基文在内的各国政要大跳骑马舞的新闻此起彼伏，连PSY本人都拍摄了多个后续版本。在中国，大跳骑马舞成为许多公司当年年会必演内容之一。这些模仿行为，都反过来助推了《江南Style》的流行，令PSY本人收益颇丰。

·求听众求粉丝求订阅。其实，更主要是聚拢目标用户群。求转发往往是官方的发声，严肃而数量少，求扩散中，海量信息扩散开来，用户知晓和消费了一把品牌，但很可能还没有和企业挂上联系。因此，将这些目标用户群聚拢到一起也是一大任务。

观察许多草根大号的行为及微信公众帐号拓展，是了解求关注求订阅的最好样板。微博上草根大号之间多会采取这样互相推荐的形式来渡过发展早期最艰难的阶段，如“出国行李准备表……想要知道更多自助旅游的事儿，就来关注××××帐号吧”。微信中，这些互相推荐的行为干脆升级为多个自媒体联盟，联盟之间的成员互相在内容中推荐其他帐号。

知名媒体人金错刀运营着一个微信公众帐号，每次在公众帐号中发布内容后，他会在自己的微博中同步发布信息，鼓励大家订阅。一般，他会用这种风格来撰写微博信息：“【微信用户有什么阅读习惯：一次独家的微信粉丝调查】搞了一次微粉调查，周日做了统计，买糕的（My God），参加任务1050人，优质回复有上百个，看了几个小时才全部看完。大家都说微信跟微博到底有什么不一样？值得大家看一下，看完后，会更懂微信用户的阅读习惯。我微信号jincuodao，加好友可在手机上看此全文。”

当信息扩散开来时，简单明确的指引会利于用户转化。本节开始所提及的主要内容，更是出现在大部分草根微信公众帐号发布的内容中。其实，引导的特点并没有因为媒介或平台的不同发生变化，克里斯·安德森在他的《免费》一书开篇序言即举了一个例子：2008年，英国蒙提·派森飞行马戏团成员在YouTube上发表了一则声明，鼓励大家放弃低质、模糊的盗版视频，进入自己在YouTube上建立的专有频道观看最新高清视频。声明干脆利落地写道："你还等什么？还不赶紧点击我们的频道？"

- **求点击或购买**。引导点击、购买、下载等行为，与获得目标用户群行为有些类似，不同的是，获得粉丝/听众、订阅依靠精彩内容，与被推荐帐号受欢迎程度，而实现转化是将用户从信息当中带走。这类诉求由于跳脱了人们看信息的环境，流动性会是这四种作用中最差的一个。

这类诉求信息所具备的特点：一是会直击需求，含有足够精练、诱惑的摘要；二是多配有直观且富冲击力的图片；三是加上引导词，用文字或符号来明示，如"请点这里""猛击""速来"等。啪啪在分享到腾讯微博的信息图片中，就有明确引导——"下载啪啪，让你的照片会说话"。

在鼓励用户分享或者官方帐号发布的信息上，美丽说是一家值得观摩的对象，其信息内容一直简单而聚焦，核心信息十分明确。数据显示，美丽说从腾讯微博、QQ空间中所获得的用户点击回流效果优于同行（如图2-2-2所示）。

在社交网络中，"简单"会成为一个非常核心的关键词。信息往往是日常活动、活动策划的体现，过多的诉求堆积反而不利于效果转化。例如，腾讯微博会显示用户微博被阅读数，我们能够留意到，一条微博被成千上万人浏览，却转发寥寥，这其实是用户鼠标（视线）划过，但没有驻留下来。

在海量而快速流动的信息中，用户注意力与视线被严重分散。写得满满的140字都无法被完整阅读，何况企业在一条信息上寄望于满足多个诉求，因此，简单地聚焦在某一诉求之上就成为必然。

图2-2-2

在这样的情况下，**每条信息往往也只能承载住一个诉求**。也就是说，要用来吸引用户点击链接的微博内容，就不要再期望会有大量转发的出现，期望获得订阅用户，就不要再幻想对方会扩散再创造，反之亦然。流动在微信和微博两大产品中的信息，所能发生的作用基本一致。搜狐新闻客户端员工王璇在他总结的《新媒体如何玩转公众帐号》一文中，就总结了微信公众帐号中每篇发出的文章所赋含的四种作用，即品牌传播、品牌塑造、流量导入和用户服务。

这种特点，甚至也在左右标题，被分享出的公众帐号标题由于出现在更多用户面前，承担着最关键的信息，吸引着用户打开阅读或者再次分享，因此，标题迅速分化承担了上述四种功能。这样的标题形式一度十分盛行：“感动10亿人的几幅图，不看后悔死”（吸引用户点击阅读），“老板，你能请我父亲吃顿饭吗？正被老板们疯狂转载”（暗示用户分享），等等，更直白清晰地鼓励用户完成自己希望引导的动作。这和网络媒体要求的必须简明扼要地点明新闻核心要素的诉求截然相反。

只是，标题的风格依据文章的内容、场景而定，最终仍需要回到传递文章核心信息的轨道上来。

03

信息的承载

我们回到之前讲述的烟烟和萃茜的故事中去，它还说明了另一个关于社交网络中信息的承载力问题。在同期，有些珠宝企业在微博中也有部分销售转化，却无法像这两个人一样持续进行。在社交网络中，类似案例及所蕴含的困惑非常常见，即社交网络是如何帮助到销售的？为什么有些案例看起来那么热闹，自己试却丝毫没有动响？

承载力的升级

如果我们把**信息能够满足企业诉求的能力解释为承载力**的话，同样一条单薄的微博信息上，有人能持续卖出昂贵的商品，有人则什么都无法实现。如过去所述，在社交网络上，企业的诉求大部分是：带来高质量的转发互动、赢得口碑、吸引目标用户群（追求更多粉丝）、吸引用户点击链接或购买。那么，简单的信息之上，又是如何从一开始只是影响人们对于阅读的取舍、流量的变化，到支持企业建立起足够有影响力的品牌、影响产品最终销售这些需求的呢？这个问题还将继续扩展到QQ空间、微信上去。

如果企业追求的效果转化取决于每位用户对发出分享信息的好友的信任，信息又是简单的，我们就不难理解这个现象：

第三方社交网络营销公司微播易在针对客户投放数据及效果回馈做出统计后看到，在微博上影响商品销售的第一因素是品牌。这是因为品牌本身知名度会率先打消用户对商品的疑虑，从而无须花费更多的时间去重新理解品牌、建立对某一商品的信任。在信息和时间都极度碎片化的今天，让用户花上一些时间去琢磨一件事情正变得越来越奢侈。

紧随其后的是价格因素。当商品定价在100～200元区间时，客户的投入与获益会成正比。价格越高，用户浏览转化为购买行为所需决策时间的心理交易成本，就越容易急剧上升。反之，价格越低效果越趋向明显。

第三因素是外观及销售时机。一款价格合理又款式不错的商品，在旺季有需求时推出，更加容易推动用户通过微博浏览转化为购买用户。

微信平台的信息规律

微信也有同样规律。南京开发者张自创的多个微信公众帐号，拥有总共百万当地用户，他通过这些帐号初步尝试微信销售，在上面出售南京桂花鸭等本地特色产品。（看到这里是不是有种暴殄天物的感觉？相比其他费尽心力才只能获得几百几千名微信订阅规模的企业，他有这么多用户居然只是用来卖桂花鸭？！呵呵，开玩笑，轻松一下。）现在每天流水入账约2万～3万元人民币。汇总分析过去数万笔订单，张自创看到：68%用户购买100～200元区间的商品，32%用户选择购买百元以下的商品。

当帐号初步建立，用户完成添加好友的动作时，尤其是添加企业和内容帐号后，信任并没有随之建立，不信任感、试试看的意味依然存在。选择便宜、试错成本低的商品购买，是用户在有意试探帐号及背后的运营团队是否值得信赖。这种信任在建立过程中同样伴随着其他现象，如：

· **掉粉**。张自创发现，如果帐号下发信息过多、不是用户想要的，或者咨询信息没有及时准确回应，用户都会取消订阅。在实践中能够看到，适度地互动能够建立起用户对帐号或者品牌的信任。

· **转化**。试错购买完成后，获得商品的现实使用体会与帐号互动的联合结果，会告诉用户某个陌生帐号是否值得信任。张自创统计后，看到有9.6%的用户在二次购买以上。这意味着信任逐步加强，用户在渐渐信任这个帐号。

· **价格的提升**。现在超过200元的商品在张自创所展开的销售比例中并不多见，微博中更贵的商品销售也多无法大规模地进行转化。不仅如此，社交网络中越贵的商品销售转化率越呈现下降趋势。走秀网联合创始人黄劲就曾注意到，过去电商通过运营微博获得订单转化比例，就下降了不少。但随着二次购买人群数的上升、信任的加强，商品升级变得有可能实现。如在烟烟的经历中，大批贵重商品的销售转化倏忽而至，好像突然发生的一样。不仅是珠宝，其他商品也都呈现出类似的轨迹。越接近用户需求的商品越会率先呈现出来。

微博上的信息转化

以时间和流动的维度来看社交网络中的信息，会发现存在明显的悖论，即单条信息的生命周期越发短暂，表现出来为易腐、快速过保质期。但长期认真互动，会带来用户对帐号（好友之间不大可能存在这个问题，更多是指企业和内容帐号）信任的变化，愿意接受并分享信息中所做的推荐，这又极大地延展了信息的生命及其媒介权力。

如果说，日报的新闻生命周期以天为单位来计算，网络新闻时代以小时计算，到了微博平台上就以分、秒计。微信则直接将时间粉碎成一条条聊天的信息。更多互动发生在微博发出后10分钟乃至5分钟内，用户很少记得一周、一个月前的热点。人们习惯了快速浏览，泛滥的信息会被轻易过滤。这个习惯自论坛时代开始建立，不断炒作的红人与热点事件可能会在一段时间内引起关注，但很快重归沉寂。在微信中，尤其是在微信群中讨论的信息积累到一定程度时，人们更是干脆直接放弃阅读。

从社交网络尤其是微博来看，企业切入的角度多半用精妙的策划带动信息在目标人群中快速扩散，这能够在短期内产生一个人造热点。只是社交网络有信息生命周期过短、易腐的特点，这会促使企业宣传很快过期，尤其当人为热点中的信息单一而机械时，覆盖人群越大，效果越差。下节内容我们将讨论一个案例，一家互联网公司一天之内将150万条雷同的信息分享到微博中，所引起的关注和互动却微乎其微，部分原因也在于此。这样的信息无助于协助企业完成其需要的品牌、流量、销售的需求转化。

微播易在监测客户投放订单时也看到了一个新的迹象：许多企业投放的微博营销信息不再附带任何链接，不再追求所谓点击与转化，转而投放与自己有关的生动幽默的品牌故事信息，类似于人们茶余饭后所讲的段子。人们更加乐见这样的信息，互动比例相比大幅提升。因为这些互动，信息往往有着顽强的生命力，自然流动在微博中。

这样的投放在变得有持续性时，企业因此获得的品牌关注也在提升。微播易将之总结为：

- **重复**。通过在一个时间段内讲述同一品牌的不同故事，经过用户的关系链扩散后反复传递到目标用户面前去。由于轻松，用户会乐于接受。
- **影响力与信任背书**。邀请或选择部分名人明星发布微博，借助发布者的影响力。相对而言，用户建立信任所需要的时间显然更短，也更易被影响。这个做法很眼熟，和企业投放电视广告的策略一样，只是讲述的内容和故事在不断变化，甚至以天、小时为单位进行调整。

信任增强是承载力的基础

不管是在微博还是微信的案例中，我们都留意到时间的延续与信任的加强，会带来巨大的改善，信息转而能够承载更多、更大的企业诉求。特别需要强调的是，专业互动是建立这种信任很有力的支点。哪怕用户当时没有转发评论，他们仍看在眼里记在心里，并在某一刻跟上步伐。企业本身已经拥有一定的品牌知名度和用户人群，在社交网络中这一切已经存在。品牌的背后正是信任，用户愿意收听、跟随是对这种信任的初步呈现。而这个现象的反面，则是曾经详细叙述过的“信任驱除”。

社交网络都将经历信任建立这一段过程。尽管部分企业对于社交平台的渴望溢于言表，对时间与产出的关注推动着大量企业更加快速地用营销来缩短时间，但信任累积这一过程不可避免。越是新品牌与新团队，越是如此，微博/微信和QQ空间都是如此。信任黏着一旦发生，用户即为拥趸。

从这个角度看，我们建议企业官方帐号在社交网络的重心，不是单纯地发布信息或是背上KPI包袱，如获得流量、获得用户等，最重要的工作是提供优质的服务本身，协助用户解答、解决问题，将自己的优质服务通过用户喜欢的方式提供出来。只是这一点，不管在微博还是微信中，大多数企业并没有处理好，用户往往获取不到自己需要的信息或者帮助，因此导致许多传统企业被自己的用户群排除在社交网络之外。

04

回流的差异与优化

2012年年底，一家知名互联网公司在自己的平台上展开活动，鼓励用户在参与之余将信息分享到微博上。这家有着巨大用户群的公司，一天之内引导了近150万条信息到微博上。可是，尽管有着庞大的参与用户群，活动结束后，这家公司发现自己并没有从微博中获得理想的回流（数据不足1万）。

这并不意味着用户对活动毫无兴趣，活动展开前后，正值传说中玛雅历法中提到的“世界末日”前后，无数用户在微博上创造了关于“世界末日”的自娱内容，同时期展开的活动在这一热点影响下都参与者众多。那么，是什么原因导致了这家能够吸引150多万用户参与活动的大型合作伙伴，毫无效果呢？在社交网络中，活动困境困扰了很多企业，相比数字可观的参与人群，获得新用户的效果总是可以忽略不计。

上面这个案例中，问题呈现在信息文案撰写上。该公司文案类似于：我在参加一个××活动，分享就有机会获得大奖，还有多部iPad mini、手机等奖品等你来，快来参加吧（含链接、图片）。

类似这样风格的文案充斥在社交网络中，绝大多数网站推荐分享的信息文案、活动文案多是如此。我们形容它是机器语言：冷冰冰、干巴巴的，没有任何感情色彩。用户及其好友会直接漠视这些雷同的信息，互动也就不会产生。

这形成了一个断裂，即用户在网站和应用上分享了大量信息到社交网络，却不是用户所需要或者想表达的，这导致用户的好友们不愿意从社交网络来到目标网站。上述企业活动展开后，用户点击率不足1%。相对于庞大的参与用户群，这样的点击率聊胜于无。

类似信息尤以游戏为最。尽管许多游戏放置有分享按钮，但分享环节往往过于频繁，每次过关或升级都会分享出一条信息到社交网络，文案单调机械、非常雷同。

在腾讯微博后台中，我们将任意一天数款游戏的分享及用户回流数据抽出，与相同量级的移动APP对比做了一个表格（见表2-4-1）。显然，海量而雷同的信息迅速冲到微博之中，反而造成对用户的骚扰，以致直接被忽视存在。效果一如上述。

表2-4-1

类型	名称	分享消息量	分享用户数	点击游戏链接次数	点击/分享倍数
游戏	A	461703	445013	28482	0.06
	B	135856	77890	242	0.0017
	C	126591	112734	551	0.004
	D	81271	81270	459	0.0056
	E	80243	80196	3141	0.039
	F	21314	20918	15332	0.7
	G	21250	20954	127	0.0059
轻娱乐APP	Y	135264	75282	221171	1.64
	Z	80290	58594	596172	7.4

被抑制的机器信息

在社交网络中，分享行为是一种快速扩散的病毒，信息质量本身（尤其是其中所蕴含的情感、传递的资讯）更像是病毒所具备的感染能力，是推动信息在人群间二次乃至更大范围扩散的第一推力。

虽然在社交网络中，信息并无好坏之分，更多取决于“合适的信息”能否在“合适的时间”出现在“合适的人”面前，但一个时间点上，对某一用户无意义的信息会淹没他需要的信息，导致用户获取信息的效率下降（好友之间的关系紧密程度，会使用户对无意义的信息有不同的容忍度，关系越密切容忍度越高）。

单纯的机器语言信息会经历一个被自然抑制的过程，不管是被平台还是被用户自发抑制。我们在此前的章节中，讨论了“信任驱除”现象，表现在信息上就是直接视而不见。当无效信息在微信朋友圈中开始泛滥时，微信曾采取了直接关闭接口的方式。微博面对同样问题则采取了“微博管家”的产品模式，将这些信息收纳在一个地方，而不是直接出现在用户面前。随着时间的推移，对于雷同无效信息的处理仍在不断加大力度。

对于企业而言，这时，可以采取“一降两升”的改进措施。

一降：降低单个用户分享信息的数量。两升：提升信息个性化程度，提升主动分享的用户数。与其一个用户每天分享10条，不如10个用户每天甚至每周分享一条精彩而又有个性的信息来得合适。对信息数量和对内容的双重优化，会令应用或游戏本身在社交网络中变得更有吸引力。

信息的易腐

单一信息在庞大的用户群面前极其易腐。当单一信息大量涌入社交网络，尤其是微博，一旦人数达到一个数量级时，对于信息的个性化与变化就会迅速提高要求。**任何优秀的文案在经过无数人发布后，其蕴含的好奇与好玩都将被榨取得一干二净，引发的效果也将锐减。尽管这一类信息还在大量涌入社交网络，人们却仿佛对它们视而不见。**

以一个“两会”的段子为例：

> 上午打开电视看“两会”实况，一推销员打电话进来，我接通后放在电视旁，让他也听听总理的报告。过一会儿，他小声问：“您正在人民大会堂吗？”我轻轻地回了一句：“是！”他小声说：“对不起，首长，打搅您了。”

尽管还是因为自娱，每逢“两会”时总有人乐此不疲地重新发布，但一样的内容，对于大多数用户来说早已兴趣索然。

这时有个问题插入进来：为什么有的企业分享信息太多而毫无价值，同样被刷屏的“疯狂猜图”和“打飞机”则获得了自己满意的结果？此前“疯狂猜图”和“打飞机”两款游戏不断刷着用户微信朋友圈的同时，仍然拉动了下载量的迅速提升，这是因为尽管总数可观，但每一条信息都是个性化的、向好友求助的娱乐信息，和上述所说针对某大型活动发出的雷同信息有着根本不同。

蚂蜂窝优化文案试点

2013年5月，旅游网站蚂蜂窝与腾讯微博之间有一个合作试点展开。其中关于信息的不断优化所带来的回流变化，非常全面地诠释了相关差异。这是一次基于旅游的垂直服务试点，蚂蜂窝在微博上为正准备出行的用户提供相关的攻略内容。

旅游行业将人们的出行划分为出行前、出行中、出行后三个阶段，其中仅出行前就诞生了分别聚焦在机票预订、酒店预订、租车、攻略准备等领域的数个知名网站，其中攻略准备与参考是受外界影响最小的普适服务。基于微博特点，蚂蜂网的服务是为这些用户准备好内容，在微博上进行提供，配套的还有通过展开分享活动、@企业官方帐号索取服务等方式。

第一次试点进行是在2013年5月，蚂蜂窝按照自己的理解准备下了一条标准文案，他们是这样写的：

亲，【123456】个蚂蜂窝网友和你一起关注【三亚】的旅行，这里有众多网友真实而精彩的三亚旅游攻略，点击查看。

方框内的数字和地点会根据真实情况自动进行调整变化。这样的文案和上述案例一样，都是从企业角度出发。因此，第一天文案发出后，只有3.7%的用户通过信息附带链接点击来到网站浏览。几天后，工作人员在这个基础上进行了一些调整，软化了一些语气，转化比例提升到约22%。

第三次，文案不再是小修小补，而是重新进行了拟写。这次，蚂蜂窝准备了5条信息文案。仍以目的地三亚为例，他们是这样写的：

1.去三亚？还没做好攻略吧，我之前需要的信息都是在这里找的（附带链接），吃喝住行很全面，你不参考一下？

2.我也即将去三亚，景点、住宿、美食、交通轻松都搞定，这儿的信息帮了我大忙，强烈推荐（附带链接）。

3.带朋友出去玩，行程必须充满惊喜呀！这里有好多情侣回来后写的三亚精彩游记（附带链接），赶紧学习学习。

4.Hi，去三亚旅行也是我的最爱。玩什么、吃什么都难不倒我，因为我在这里找到了最实用、最全面的三亚旅游攻略（附带链接）。

5.到三亚旅行，玩得怎么样？去过三亚的朋友都在这里（附带链接）分享精彩旅行，你还不来看看？

5条不同的文案，在同一天分别发了出去。当天试点结束后，我们看到，前面3条的转化点击比例在60%以上，后两条在6%～7%。单独从这5条文案看，只是言语的出发点不同就能带来了点击访问回流上的差异。表现良好的信息，正是因为简单而直接地提出了实用信息又不失人情味，这对准备出行的用户有着直接帮助。从文案本身看，继续朝这些角度优化还能获得再度提升。

后续试点在前面3条留下的实用风格上继续进行。到第四轮时，更为人性化的信息引起了用户好感，引发的评论和转发又吸引了周边好友点击进来查看，促使转化数据最高时超过120%。由于试点仍在进行，文案的优化尚有巨大空间，后续效果还有大幅的提升空间。

在其他案例中，我们能够看到，一句单纯的“我喜欢”这样的话，都能激起连串的互动反应。关于互动提升所带来的效果，第三章第六节“让每个细微动作都产生收益”和第四章第二节“互动与放大效应”两个小节中会有更详细的探讨。

只是，**再好的文案，都只是模拟，不及用户自己的个性分享和创造来得更为贴切。**

此前提及的用户主动截图分享玩微信打飞机所获得的分数、排名所引发的效应，早已被诸多业内人士所关注。这些信息大多是用户以自己的口吻编写发出，其中蕴含了他们希望在朋友们中炫耀的成就。开篇介绍的啪啪，以及提及的唱吧、抬杠、魔漫、微视等应用中，被分享到社交网络的多是用户原创内容本身。

这一类分享，由于用户在唱吧中唱一首好歌，或是制造一张优秀的有声照片，所需成本相对较高，因此平均数量和频度并不大，鼓励进入到社交网络不会造成好友们的困扰。持有类似特点的还有对某一条新闻的评价、看到优质内容后的分享/等。

长尾效应

面对社交网络，业界的一些惯性思维尚未扭转，大家默认关注的依然是平台的资源。即使是微博/微信这样的平台，也很难再像过去网络媒体那样以置顶头条的形式去强制影响用户，这样的方式正越来越慎用。在媒介的演变中，权力被越来越多地还给了普通用户本身，用户所处的行业、领域、关系链、圈子构成了自身权力的基础。对于用户本身的关注鼓励着企业激发出用户的分享欲望，通过一条条真实而又个性的信息，才能将他们的影响力收拢起来，汇聚成一个可观的收获。

在大多数社交产品中，每条信息都是一个用户了解、接触自己的入口。因此，在信息上要投入和花费更多的时间与精力，反复优化。虽然信息的生命周期越来越短，**这些高质量的信息即使沉淀在社交网络中，也会在很长一段时间内，仍然不断吸引听众/粉丝、好友们的点击阅读、下载转化等，积累起可观的长尾效应。**

越是真实分享用户数多的产品和合作伙伴、优质的内容，所获得的长尾效应就越大，如果我们抽取部分在社交网络中获得超大流量的网站数据来观察，都能看到这样的特点。在本书分享的一些表格，如表1-1-1中，就能够看到，当日吸引用户产生点击行为的数据项“被点击网页数”，总是超过“当日首次被分享网页数”很大一个幅度。类似美丽说、唱吧、啪啪等案例中，每天接近50%的回流就来自用户对历史信息的点击和消费。

长尾效应不仅体现在流量、下载购买等数据上，也体现在激发分享互动上。观测微信公众帐号的分享行为，一些优秀的内容仍在数天之后产生大量分享行为（对于历史文章的分享数据，甚至能占到当天文章总分享数据的50%以上）。

顺着上述数据和特点，如果再仔细观察所有合作伙伴在社交网络中的成长轨迹可以得知，长尾效应所带来的数据叠加、累积，也是帮助企业渡过早期艰难“适应期”，进入快速收获社交红利上升阶段的推力之一。同样，随着时间的推移，长尾效应也在默默拉大着不同合作伙伴之间的红利差距。

一个现象与另一个现象总是环环相扣的。如优质内容的重要性，在社交网络中越发重要。也就是说，虽然信息的生命周期越来越短暂，但每次互动都延续了这个时间。加上发布者在好友们中自然拥有的信任，导致了信息在很长一段时间内都能持续发生作用。

长尾效应的普遍，以至于书中所有的数据案例中，都包含有历史分享数据积淀出大量用户访问回流数据的现象。在开放平台上，很多看起来丝毫不引人注意的小应用，每天只能有数百、数千乃至数万的参与用户，但当他们开始不断推出不同小应用时，最终呈现在实际结果的数据总和仍为数不小。

（扫描二维码，可以和作者沟通，查看更多案例和解读文章）

05

超越140个字：信息的进化

社交网络中信息自身的形态在快速发展。以微博为例，一开始支持140个汉字，加上网页链接、图片。随后被加入的信息类型是视频和音频、GIF，同期第三方合作伙伴进行了更多扩展，多图处理、长文转图的长微博功能陆续被开发了出来。

信息一旦驶上了更为丰富的道路，就再也无法回到过去。很快，信息变化也为社交网络自身打开了一个想象空间，之后变化速度更快。海外Twitter在2013年推出了Card信息类型，这个信息类型支持应用更好的展示和下载。同一时间，腾讯微博进行了Rich Feeds（富信息）试点，这一直是腾讯微博看好的方向之一。在可见的信息进化中，简单的信息将不断承载更多服务，通过用户的每个细微分享动作，每条信息可以成为关系链中其他好友体验、查看某一项新服务的窗口，就像迷你小应用一样。

新增的信息类型为丰富呈现提供了可能。合作伙伴可以将多样的数据类型传送到信息流（Timeline）中，以更娱乐、更有想象力的方式呈现在用户面前，将功能或服务变成信息本身，变成一种和用户交流的方式，以展现自己有趣和具有吸引力的一面。腾讯微博试点展开后，这些新颖的信息中所附带链接或视频的点击率提升了16倍——它能在流动中吸引到更多的目光和注意力。

啪啪试点

几轮富信息试点分别从不同角度进行。第一波在腾讯内部进行测试，如支持商品信息分享到微博后，可直接在微博信息中点击下单购买，在达到效果后于2012年年底外放了第二批。进入试点的为部分小范围垂直网站、地方论坛和服务提供商，允许分享的内容在信息流中充分展开。试点数据显示，带给合作伙伴的回流增加了26倍左右。这个原因和本章第二节"信息的四种作用"中，提及的长微博很类似，用户不用再跳出微博阅读的环境，如此不仅增加了转发和互动的次数，也增加了回流访问数据。

第三批在2013年春节后，啪啪从轻娱乐角度展开新试点，有声照片是轻松、有趣的信息类型之一。过去用户分享到微博后，需要跳转回到啪啪再进行播放，多余环节其实阻断了用户体验、下载这款新应用本身。试点开始后，啪啪将完整的信息数据都同步至腾讯微博，支持用户直接打开图片并播放声音，无须跳转。

试点准备在4月份完成并正式启动。很快，数据就显示了这个趋势的魅力：在分享用户数不变的情况下，用户通过啪啪分享过来的富信息，在微博中被点击打开次数最高飙升到200万。富信息中还允许用户在信息流中直接点击下载，下载次数相比过去提升了3.8倍。此外，还有一个回流访问数据，这和第二批试点网站保持了一致，即分享富信息化后，用户点击到啪啪页面的行为从试点前的4～6倍提升到试点进行中的25倍左右。

图2-5-1

图2-5-1为啪啪分享的富信息截图，除去文字信息短链接可点击外，图片可直接在腾讯微博中展开或收起。图片中的播放按钮也可正常点击播放，这极大地方便了用户体验。在图片下方，啪啪还放置了一行

引导用户下载的文字“立刻下载啪啪，让你的照片会说话”，令下载量上升了3.8倍。

表2-5-1

日期	分享信息量	互动次数	互动百分比	点击播放次数	点击播放比
2013/4/19	90,688	5,295	5.8%	1,729,388	19.1
2013/4/18	89,786	11,604	12.9%	1,741,120	19.4
2013/4/17	83,207	3,216	3.9%	1,340,337	16.1
2013/4/16	83,639	4,097	4.9%	1,841,490	22.0
2013/4/15	83,990	9,240	11.0%	2,007,136	23.9
2013/4/14	94,720	12,768	13.5%	1,612,788	17.0
2013/4/13	92,020	5,093	5.5%	889,661	9.7
2013/4/12	86,390	3,574	4.1%	640,907	7.4

表2-5-1是啪啪富信息上线后，用户分享到腾讯微博的分享量、互动次数及被点击播放的变化情况。上线7天内，啪啪有声照片共获得了1116万人次点击播放，短时间内获得了大量用户关注，之前同类有声照片的分享短链接点击回流访问倍数平均只有8倍左右。持续地观察会看到，富信息的改造为合作伙伴带来了更可观的用户下载、注册转化，以及持续的长尾新增用户，同时打开APP的次数和留存比例更高。

信息即服务，互动即应用

微信则没有像微博这样反复测试，在朋友圈分享的初始即已实现了富信息。在一次业界大会上，腾讯公司创始人马化腾曾表述过富信息带来的变化。他说："为什么大家觉得在微信公众平台上发信息更特别、有魅力呢？关键有几个特征和过去不一样。第一个是手机发照片时，可以直接使用手机摄像头、录音功能，这样发送的信息内容和过去PC不一样。过去只是一个文本对话，现在是很丰富的富媒体，（通过它们可以）和后面的服务商进行沟通。这是一个很好的通道，可以让线下很多传统服务商通过接口工具，做到过去没有移动互联网、没有微信时做不到的事情。"

如下构想正在逐渐或已经成为现实：在微博／微信上看到用户分享一条来自某个应用或游戏的信息时，点击这条信息，就可以直接享受这款应用所提供的服务，或者调起、体验游戏，看到好友分享的商品也能直接下单购买。每条细微的信息都将成为服务、应用与游戏的直接入口，或者就是应用或服务本身，而无须再反复跳转，这一趋势已经越来越明晰。

相比于其他平台，微信聚焦在无线上，会令这个变化更加不同。目前，围绕微信平台上的轻APP化趋势，许多创业者早有深入的讨论。应用与用户之间的关系或将以互动形式呈现：用户对着某个帐号发出一个指令，帐号即迅速反馈一个结果。互动在这时变成了应用本身。

以2014年春节期间火爆的"微信红包"为例，用户分享给好友的"红包"，就是一个以富信息呈现的轻APP，简单的发和抢的动作背后则更是庞大的金融服务本身。在这里，传统与互联网、金融与社交、服务与信息被巧妙地融合到了一起。

也正如我们所见：所看到的虽然只是来自啪啪的一条小信息，却也是啪啪服务的精髓；在微信中抢的是一个个小红包，背后是整个庞大的互联网金融业务；少年商学院貌似仅仅是一个微信公共帐号，也在承载创业团队创办亲子服务的小前台。信息、帐号早已超越了过去我们的理解。这样的服务与应用，正在越来越多。

“信息即服务”，“互动即应用本身”。

降低企业和用户的沟通门槛

在日常和合作伙伴的沟通中，发现他们多强调用户信息的质量，丰富而有趣、拟人、充满情感的信息总是胜过机器语言。但往往机器语言大行其道，直接拉低了合作伙伴从社交网络中获取的流量、用户等红利。其背后，是因为信息貌似简单，实则要求很高，并不是所有的企业或者用户都能写好那简单的140个字，充分理解信息特点的在海量帐号中仍是极少数，许多企业并没有足够合适的人力或经验来承担、理解这一基础工作。

富信息是平台方从这一角度提出的解决方案之一，希望能降低企业花在信息优化上的时间与精力，增加信息本身的吸引力。信息的进化导致呈现表象上越来越“繁复”漂亮，本质却是企业进入的门槛降低，和用户的动作、体验成本越来越低。这更是社交网络自身进化的结果。目前的种种形态和试点也仅仅是这种趋势下的一种试探，或将有更多变化产生，协助业界更简单、便利地使用社交网络。

在信息的不断进化升级中，同样为社交网络的自我升级、分裂出更多细分、好玩的垂直应用带来了契机，这个话题我们将在第五章第三节“垂直的机会”中展开讨论。

06

马桶游戏与轻量应用

从长篇博客到140字微博，书写门槛的降低推动了微博在诞生早期吸引了诸多用户。但即便如此，微博依然被认为门槛还是高了点。微信产品经理张小龙在一次腾讯内部分享上认为，部分用户依然能够将140字的微博写得非常精彩，这无形中会给其他用户带来心理压力。相比之下，看照片比阅读文字更直观，手机拍摄图片没有门槛，因此朋友圈更鼓励用户多发图片，简单配上一些文字就好。这种信息的状态比微博更“简单”和“轻量”。

实际上，信息的简单与碎片，在无线与社交的双重影响下更显突出。能够将自己信息碎片化的应用率先在这种变化中获得收益，不管是刚才所述的啪啪，还是其他将红利尽占的应用，都具备着这样的特点，也在驱动着应用往更加“简单”的方向发展。

手机游戏公司热酷CEO刘勇在一次公开论坛中总结说："如果一个游戏不能碎片化是没有生存空间的，即便连以前在网吧里待10个小时、吃方便面的用户都不会去玩。今后的手机永远在线，这种情况下，用户时间完全被切碎了，我们提出了个概念叫'马桶游戏'。"

热酷正在运营一款名为"找你妹"的手机游戏，是当下受欢迎的手机游戏之一。公开数据中，截至2013年4月（游戏于2012年8月上线），注册用户已经超过5900万，日活跃用户为700万，正是崛起于"碎片"时间中。"找你妹"之后，疯狂猜图、打飞机等轻量手机游戏次第火爆，吸引了更多无线开发者将目光投向社交网络。只是，面向社交网络的转变还不是那么顺利。"轻"和"重"就是一个阻挡了无数合作伙伴的小问题。

游戏试点的难题

2011年，腾讯微博大规模展开游戏试点。初期进入人们视线的合作伙伴多有社交游戏经验及成功案例，在Facebook、QQ空间上耕耘多时。相比其他类型的游戏，社交游戏已经非常"轻量"、简单，适合在社交网络中生存。当社交游戏大规模迁移到微博平台之后，很快就显示出了许多不同：获得新用户的成本与速度虽然相同，但在微博上人们更加没有耐心，不愿意花更多的时间在一款游戏上。过去游戏开发商设置很多环节、提高难度、希望提升付费率的思路在微博中遇到了新难点：能够吸引用户，但无法吸引更多用户，更无法持续留住他们。

我们常形容微博似水，信息像水一样快速流动在关系链中，其意为“轻”。如果将更简单、更轻松的玩法和体验形容为“轻”的话，那么，更多环节、更高难度和操作这样的体验可以用“重”来对应。不同社交网络信息状态里，应用所能出现的样子、业界所能采取的动作有很大不同。QQ空间中内容呈现更加丰富，用户愿意花费更多的时间去浏览好友信息，对应SNS游戏可以在其上生存得很好。微博信息的碎片化则让本已轻量的SNS游戏显得沉重，需要调整来适应这种变化。

因此，即便同期展开试点，多家微博都遭遇了类似困境，未见类似于在Facebook、QQ空间上成功的游戏崛起，正是因为“轻重”没有很好地适应。

“轻重”还会影响切入社交网络的角度。业界一种合作习惯是希望平台给予资源支持、位置支持等，希望有一个明确的入口。但在微博/微信中，入口本身碎裂成了无数用户与用户之间交谈的“粉尘”信息，大型社交网络平台都致力于维系简单而优质的使用体验，所以也不敢堆积过多入口和功能。因此，即做一日和尚撞一天钟有入口也数量稀少，只有极少数极度优秀的合作伙伴或功能，才能占据这些入口的一席之地。简单轻量的信息所带来的帮助，变得越来越大。

轻量应用：国际IQ测试

事实上，轻量应用所带来的用户扩展速度非常惊人。2011年是腾讯大规模开放的第一个年头，也是微博开放之始。这一年测试类小应用不断涌现。相比其他应用，测试应用只需要用户简单选择或输入几个选项，就可以获得一个结果。测试应用和轻娱乐一经结合，迅速爆发了巨大生命力。其中，南京育儿网产品经理朝滋开发的一款“国际IQ测试”，半年时间内在腾讯微博开放平台上获得了超过3000万用户。

与此同时，还有一款测试类应用“测测你的另一半长相”上线。在上线前7天，收获了30万新用户（此后跃升为每天68万）。结束运营后，开发者卡卡做了一个小总结：

> 2012年春节后，我们接到第一个正式订单，一家婚恋网站要在腾讯微博开放平台上做应用、找感觉。3月4日正式应用上线，结果一周后，应用就获得了爆发性传播，7天获得了30万用户，出乎我们意料。
>
> 该应用是叫“测测你的另一半长相”。当时考虑既然是婚恋网站的应用，目标用户都是奔着找另一半来的，心里有憧憬，长相是第一个关心的问题，因此做了一个小测试应用。数据也证明了这个思路是对的，光用户发出的话题信息数，20天之内就超过了400万条。直到现在，一秒钟内至少超过15名用户发出信息。
>
> 我们也想过这个小应用为什么会这么火爆，感觉第一是切对了目标用户人群的脉。第二是够简单。应用没必要做得那么复杂，能够哈哈一笑满足好奇心就可。第三是要够慎重。这点和第二点是有冲突的，虽然玩法简单，但如果在用户玩应用的过程中，能够让用户感到我们是真心实意的，那么，这个舒适的感觉依然还在。这就看开发者的处理技巧了。

正如总结所说，更“轻”、更简单的应用和游戏，并不意味着需要牺牲体验，反而要求更高。观察许多充分利用了社交分享而崛起的应用，总能看到一些共同点：

• **轻松的切入点**。原来仅仅是想知道自己未来的另一半长相，或者是自己的智商，就足够吸引海量的用户。背后的本质其实一样：人们希望获得轻松的娱乐体验。这和我们讨论过的“自助激励”“自娱现象”及一起玩都指向到了一起。

• **简单的使用过程**。使用越复杂，越会将用户拒之门外，门槛的降低有利于催生国民级应用。这几乎意味着创业者要努力砍掉一切不必要的环节，一切不必要的体验。

• **迅捷的愉悦反馈**。玩的过程中，愉悦感与成就感的快速释放，让用户不断收到应用（如果是其好友最好不过）的互动激励，从而能够继续留下来。

• **社会化分享**。分享能够让这些愉悦流动开来，吸引更多人进来。

• **展现最High的那一点**。浏览行为与参与创造这两个动作，前者几乎是后者的数倍乃至数十倍。因此，将一些优秀的用户创造的内容推荐出去，一方面是对优秀用户的激励，另一方面也是对新用户的一种潜在的创造引导。

“简单和慎重”是对微博应用的最合适总结：**用户使用起来更简单、花费时间更短**。如这些轻量的小测试，虽然只是一个简单的授权测试，填入一些选项即可，但最终应用所呈现的结果以及感受却非常好，因为其满足了用户某一方面的需求。

轻量化易于信息流动

越轻的游戏越容易在社交网络上通过流动的信息实现快速扩散。海外被Zynga收购的Draw Something游戏，即是一个典型案例。这款应用上线后，依靠好友互相邀请的病毒式信息快速爆发，成为当年社交网络及创业领域上的一大亮点，在中国，“开心农场”“偷菜”“朋友买卖”“停车”等领一时风骚的国民游戏也很类似。“找你妹”游戏开发商、成都云中科技CEO张帆对外描述过游戏的自扩散和自媒体的设计与考虑：

> “找你妹”的图标设计思路，按照我们的理解就是简单明快，能突出这个产品的特点。这样的图标也是有自营销性的（如图2-6-1所示）。

图2-6-1

我们在营销方面用到了几个技巧。第一是微博分享。现在看很多游戏都用了微博分享这种技巧，比如过了一关就提示玩家分享微博。其实分享主要看游戏中的分享点，要去把握玩家痒点跟痛点，分享的内容应该有传播性，而不是简简单单地在微博上露一个脸。其中需要加入“分数比较”环节，比较是很关键的功能，在游戏中能否到达更高层次的关卡，玩家能从中得到很强的心理需求。

我们游戏里对进行微博分享的用户，会给予金币奖励。要把握用户的痒点，如果是无关紧要的，个人建议尽量不要分享，因为其他用户不会分享，得不到传播效果。现在找你妹每天在腾讯、新浪还有人人网等平台分享数量达到了20万，如果每天分享者有10个好友，也能形成200万次/日微博展示数。还有，这里面的微博分享不仅仅是游戏内部的分享，产品本身就具有一定的营销性。它让玩家自己组织语言，发布有意思的微博。

碎片化的信息及用户保有多个社交网络的特点，也为应用提供了另一种思路：**忘掉自己，追随用户的分享进入更多社交网络。**

一方面，我们可以将这理解为推动信息进入不同平台，利用这些网络来拉动产品的自传播。大多数国民级应用和迅速崛起的创业团队，基本都横跨大部分社交平台，以及不同国家市场。另一方面，社交网络中信息进化会为企业带来新的可能，即每一条细微地被分享出去的信息，都成为了用户体验自己的小窗口。

应用和网站在面对这个特点时，也强化了另一种趋势，即“以终为始”。

这个特点现在也成为了许多无线应用的标准动作，如唱吧、啪啪和微视均没有采取过去搭建PC网站、设置不同频道的做法，而是将每条分享到社交网络的信息，都变成了个性化的首页，好友们通过这条信息可以体验到完整服务，并可通过这个页面下载客户端。美丽说、蘑菇街等几类社区导购网站也是体现这一原则的最典型代表，在任何一个页面查看每一个商品内容后，不用离开页面，自动接续新的广场内容推荐，一个新的循环由此展开。这对于增加用户黏性，或者应用下载有着直接的帮助。这也是在碎片化用户来源状态下，应用自然做出的调整反应。

重视最终页并非是社交化所带来的新变化，这一直是PC网站改版所推进的一个方向。只是，从这个思路出发，利用社交网络的能力可以得到加强，如在传统企业中，商品交付到用户手上时成为大多数服务的结束，而在社交网络中，这才构成后续服务的开始，构成和用户源源不断沟通、影响的开始。

现在，社交及移动不断兴盛，应用中每一条被细致分享到社交网络中的信息，当被打开时，所展现的是以这个页面为开始的整体服务。用户从任何一个碎片进来，都能看到足够核心的信息，从而获得更多服务。企业的新服务也得以通过这个方式开始源源不断地到达用户手中。

第三章

关系链壁垒

用户们的好友是谁和创业者毫不相关，却像是一道无形的保护墙，牢牢地保护着创业者、创新应用在微博微信中的利益，将竞争对手驱赶了出去。

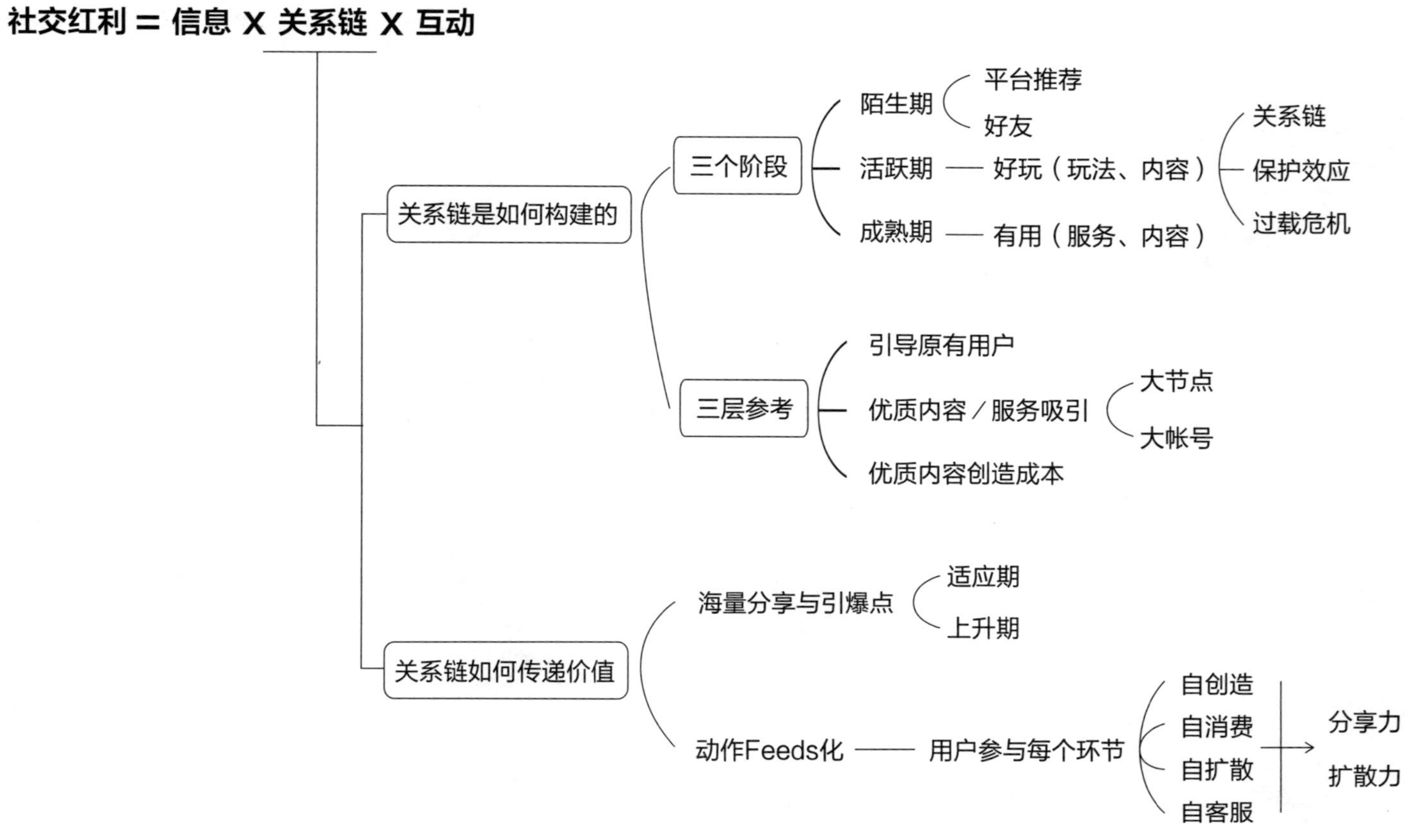

社交红利 = 信息 X 关系链 X 互动
关系链是如何构建的
三个阶段
陌生期
平台推荐
好友
活跃期
好玩（玩法、内容）
成熟期
有用（服务、内容）
关系链
保护效应
过载危机
三层参考
引导原有用户
优质内容／服务吸引
大节点
大帐号
优质内容创造成本
关系链如何传递价值
海量分享与引爆点
适应期
上升期
动作Feeds化
用户参与每个环节
自创造
自消费
自扩散
自客服
分享力
扩散力

好友就像壁垒。只有他们分享、推荐出来的信息才能被自己所见。如果他们没有分享，那么其他纷繁、热闹的世界就完全被隔绝在了圈子之外，似乎从不存在一样。这个壁垒是每一位用户用收听、关注、订阅等行为构建起来的，形成了所有社交网络的基础。起点的高低、影响力的大小，都由此而起。

每一条分享出来的信息，会迅速占据所有好友的目光、时间和注意力，壁垒由此开始牢牢拱卫了信息背后的合作伙伴，给予他们想要的一切，协助他们将竞争对手阻挡在外。当用户及其好友停留在某一款社交网络上时，迁移的成本也就变得高不可攀，壁垒又开始保护平台自身。

只是，这些关系或强或弱的好友，也是阻碍企业认知、使用好社交网络最重要的一个门槛。在微博和微信中，许多企业无法有效获得足够多的目标受众，针对这些目标用户的运营和吸引更无从谈起。就像是一座高塔，明明知道上面风景很好，却不得其门而入。理解关系搭建出的庞大世界，要从最细小的每个人自己的帐号出发。

01
你的好友即整个世界

2007年，我刚加入腾讯公司时，一位产品经理向身为新人的我们提出了一个问题：“人们为什么会习惯性挂着QQ？”答案非常丰富，有人认为是增长经验值，有人认为只是习惯，有人认为方便联系友人。但这些答案都有偏差，那位产品经理说：“人们习惯挂QQ的原因，是**方便别人随时找到自己。**”

“方便别人随时找到自己”，这句话解释了为什么很多用户用隐身的方式挂QQ，本质还是害怕自己被他人遗忘。这句核心理解，延续到了微信上，以至于微信启动页面一直就是一个小人剪影孤独地在星球下，“世界这么大，我竟不知道联系谁”“知己难寻”。

人们愿意和朋友们时刻联系着，愿意分享的特点没有变化，刷微博、看朋友圈的原因，是希望自己了解世界、掌握更多信息、在和友人见面时有共同的话题。移动更加助推了这种惯性，从而使24小时在线成为现实。不同社交网络的推出也满足了人们希望通过不同方式和友人在一起的需求。不管怎么样，这里有一个新的共性现象：随着时间的推移，各个社交网络中好友的数量（关系链）都在不断扩张，由他们所分享出来的信息数量也在不断增加。

对于每一个身处社交网络中的用户而言，“自己的好友即整个世界”：**只有好友们发出的信息，才能被呈现在我们面前，它们将占据我们的视线，吸引注意力。而除此之外的信息，就像根本没有存在过一样。**关系链本身，就像一个巨大的壁垒，保护我们的同时，也划出了一个个相互叠加又不尽相同的圈子。

由此，我们的信息获取方式先行被关系（好友们）改变。资讯阅读、下载购买、品牌等最容易依附在信息流上的领域，也次第被关系所改变，每一位用户的决策潜移默化地受到朋友们的影响，小到看一篇报道，看一部电影或者电视节目，大到购买某件昂贵的商品。一个细小的调整，开始逐渐影响成熟的行业。

和好友的关系区分出不同网络

通常，我们将这些影响我们决策、需要联系的关系、好友们，用三种状态称呼他们：强关系、弱关系，以及介于之间的商务关系（很有可能转成强关系，也可能长久不接触后会被遗忘掉）。收拢这些关系的社交网络，也就因此有着截然不同的特点与发展方向，呈现出的作用也各有不同。

过去，我们常被询问一个问题：QQ空间、腾讯微博、微信之间有什么相同和不同？未来当新的社交网络崛起时，类似问题仍会被问起。其实，如果将它们乃至邮件和论坛都看作是通讯工具，通过四象限来区分它们，就能看到它们之间的分别定位。腾讯赖以为根基的QQ是一对一的即时通讯工具，邮件的重心被放在一对一延时象限中。论坛可以看成是一对多的延时工具，不追求实时互动，微博则偏向一对多的即时（如图3-1-1所示）。

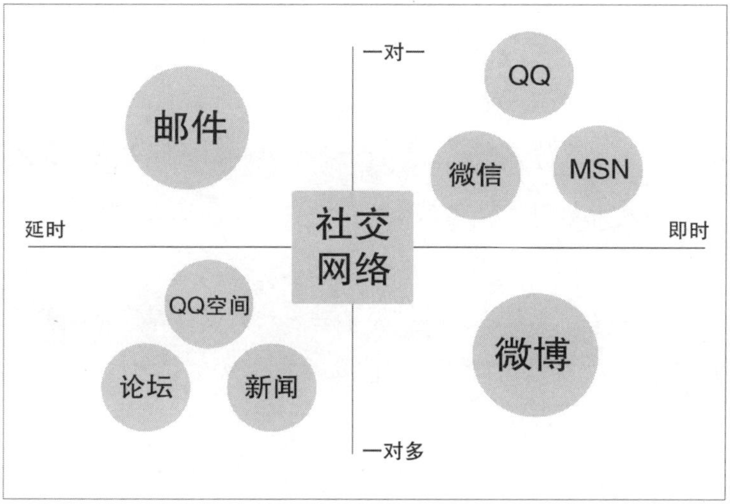

图3-1-1

人们会默认微博就像广场，信息公开，可查询、可流动，他人无须经过自己的同意即可阅读或转发。信息得以迅速流淌到更多产品、更多关系链、更多人群中去（这甚至就是人们希望看到的）。微信与QQ强调私密沟通，就像是一个小型的会议室，你不会希望自己和友人私聊的信息，或者与合作伙伴洽谈的商业合作被第三人知晓。但当可以公开宣布时，则从会议室推门面向广场（微博）大声宣告即可，之间就是一门之隔。它们本就是相通的。

人们处理和接收不同信息时会自然地采取区分：当需要更多热闹时，人们总是会选择来到广场；疲倦时，就会回到私人空间休息与交谈。在诸多热门事件中我们看到用户的时间流向微博，当私密沟通时又总是QQ和微信。如果企业要主动为潜在用户提供服务，微博显然更为合适；要为已有用户提供服务，微信则更合适。

点赞党

以每位用户自己的微信为观察点，是理解这些不同关系链和好友圈子的最好窗口之一。由于不可避免的生活与商务关系重叠，大部分用户的社交关系叠加在一起，在点赞这个行为上就会区分出不同表征：

第一类是“无良点赞党”。这其实是典型的强关系，如“狐朋狗友”、死党闺蜜，最放松的互动往往发生在他/她们当中。例如，当某一用户发出诸如被上司批评、深夜饿醒睡不着觉等糗事时，死党们就会冒出来点赞并评论说：“还有什么不开心的事情，说出来让大家乐一乐。”我们将这个关系紧密的人群戏称为“无良点赞党”。

强关系中还有亲友、同学等，这一类表现略有不同，比如上海交大讲师、业内知名博客主魏武挥就曾描述过这个特点：他经常在朋友圈中发出自己早餐吃了什么，朋友们觉得这些信息毫无意义，但父亲会很关心，每次还会在下面认真点评早餐的质量。这说明亲友们关注信息的落脚点和密友们存在不同。

第二类是商务关系，由于所反馈的信息及展开的互动很大程度围绕在业内，尤其当用户发出的信息很有用时，这些关系会开始大量浮现出来，进行深入探讨互动。在这个人群中，部分身处“乙方”服务角色的关系，最容易礼节性地为“甲方”的合作伙伴们“点赞”，不管甲方发的是什么。

第三类是陌生人（弱关系）。哪怕是强关系属性的微信，我们也往往因为一些原因而将一些陌生人加为好友，对于这些人的信息也会因为陌生而少有互动。也就是业界常说的“点赞之交”，即除了偶尔点赞之外，并没有什么深入的了解与接触，更谈不上什么熟识和信任。

在“点赞”这个细微的行为背后，其实反映出人们对信任的区分。一位用户为什么会点击阅读朋友分享的一条链接、购买他/她们分享的某个商品？背后正是因为对发布和分享信息的人的信任。这种信任和现实一样存在领域、行业的分别：我们会相信一位“吃货”对于美食的肯定，却可能会对电影毫无鉴赏力的他/她的影视评价一笑置之。经常出差的商务人士对酒店的推荐会被圈子采纳，资深旅游人士对旅游目的地的评论更能吸引追随者的前往。**人以群分，也以信任程度而划分。**

用户在社交网络中添加好友的三个阶段

用户是如何为自己构建起一个成熟的圈子，如何决定将什么样的人加为好友的？这确实值得观察，这也为企业了解与熟悉社交网络打开了一扇窗口。观察用户在社交网络中的成长，不管是发言还是收听关注，一般都会出现三个阶段。

第一个阶段是新用户刚刚进入社交网络时。

以微博为例，一开始用户新进入时，面对零个用户关注收听、空白的Timeline（此处解释为时间轴）及零条发言，多半会手足无措不知该怎么操作。运营部门会在这个阶段介入推荐帐号的动作，目的是吸引、教会、留住用户。尽管这个做法有其明显弊端，在发展中后期会为此支付账单（如许多用户看到的信息并非是自己选择的结果，Timeline变得不好玩，因此导致离去，被推荐的帐号也因为与听众粉丝之间没有信任基础，而使互动寥寥），但毫无疑问，这个措施在运营早期起到了巨大的作用，可以帮助新用户尽快熟悉产品。微信中，则是将手机通信录的好友、QQ好友、现实聚会中认识的新朋友，都统统一股脑地加到微信上来。

第二个阶段是用户进入活跃期。

这时，用户会增加大量好友的数量，如海量收听微博帐号、增加订阅微信公众帐号等。

虽然这是平台乐见的，但仍会给用户带来两个现实问题：关系链维护难题与信息过载带来的阅读困惑。这在微博和部分尝鲜的微信用户群体中已经出现，有用户已经在抱怨，添加了太多好友之后，**Timeline 被无意义的闲聊和信息占领，变得不好玩了——不管是自己增加还是系统推荐，都会导致这个结果。社交网络门槛之高，恰恰显示在这些不经意间的小细节中。**

在这点上，平台方都在采取不用的策略。如腾讯微博在2013年添加了一个功能，对内容帐号发布的重复内容进行折叠。与此同时，微信将公众帐号分别收纳到了服务号和订阅号中去，不再选择提示未读信息数字。

第三个阶段是成熟期。

用户在这个阶段达到了最佳状态，会主动开始优化，取消话唠或无趣帐号，增加收听有用、喜欢的好友或帐号。这个过程会一直动态持续下去。前期被运营部门推荐的帐号，在这个阶段会留意到明显的听众退听、退订、取消关注现象，很大一部分原因是用户主动优化订阅结构。微信中更多用户则会删除、屏蔽部分好友，慎重面对每一位请求加为好友的申请。

开始学会优化的用户已经成熟，这对于被优化被退听被取消关注的那个帐号来说则显然不是那么开心的事（这也是一个信号，暗示帐号发布的信息可能没有满足目标用户群的需求，值得后续展开优化）。

作为用户，如果发现自己面对的信息充斥着令人不愉快、不满意或者不好玩的内容时，也意味着自己选择收听/关注的对象出现了瑕疵。平时开玩笑时，我们将这些称为“所交非人”，意思是没有选择对好友，不如退掉那些带来不良信息的帐号，重新选择一些有用、有趣的朋友，或者考虑一下自己是不是该拓展下新的朋友圈子了。

不同的平台上，人们对关系链的容忍度不同，在微博上，一个官方帐号可能发展到10万听众时才会遇到明显退订的情况，在微信上稍微发多点广告，就会被拉黑或屏蔽。越是私密沟通的工具，人们对骚扰信息的容忍度越低。

发布信息的过程也类似于此。初期话唠用户比例非常大，新鲜感推动部分用户不断发布信息，当发现自己分享的信息没人关注或者互动很少时，就进入调整时期减少发言，到了第三个阶段，会进入一个被自己的关系链认可的合适发布状态。用户活跃的不同阶段，也左右了平台的涨落起伏。当一些大型平台在用户进入成熟期时，信息发布反而会有所减少，取而代之的是效果的积累与呈现。

群的观察也是如此。大部分用户加入新QQ群与微信群时，总是不断与群内其他好友聊天。当新鲜劲儿、好玩的有趣阶段过去后，人们会开始屏蔽大量无效且骚扰的群，只保留沟通紧密、有价值的群。这时，关系链的黏性会对留住用户发挥巨大的作用。

关系链壁垒与保护效应

每位用户通过三个不同阶段为自己构建了不同的圈子，将亲朋好友、商务伙伴、感兴趣（也包括有用或可能会有用）的人和企业，拉入或剔除出去。通过这种方式，每位好友也为自己树立了一道壁垒，屏蔽着其他信息与人群。

这对企业来说，带来了最坏的局面，也提供了最好的机会窗口。前者正是我们在第一章第二节中谈到的企业所面对的“新不平等”，即用户在构建自己世界的时候，许多企业并不在这个世界之内。但也通过用户寻找好友的三个阶段——事实上，这三个阶段贯穿所有社交网络始终，企业一直有机会和用户做“朋友”，要么是好玩，要么是提供优质的内容和服务。

因此，不管是有意还是无意，许多团队开发一款新的应用或服务，并和各社交网络发生关联时，总是全力奔跑，迅速进入更多用户的视线。这样，当有关他们的信息不断被分享到用户的朋友圈子中时，会迅速消费掉目标受众的注意力，耗尽追随者的生存空间。

不管是一个新的应用、帐号，还是玩法，都被关系链壁垒

牢牢地拱卫着。在这一点上，啪啪、疯狂猜图等热门应用，都隐现这样的现象：在啪啪之外，还尚未发现可以展开面对面竞争的对手。甚至，如猜图类应用已经幻化了其他各种形式，但以同样的玩法和疯狂猜图直面竞争的游戏暂未出现。即使后面有同样的拷贝者，也无法追赶到同样的水平。除非，先发者犯下大错。

唯一可能的特例，是美丽说和蘑菇街带来的借鉴。今天两家相同定位在“年轻时尚女性购物分享社区”的创业企业，在融资数、用户数等关键数据上，还尚未领先成像其他领域那样巨大的差异。这和它们几乎同时在新浪微博、腾讯微博开放之始就全力进入有很大关系。此后，他们又都跑在了QQ空间开放的合作伙伴前列。同期进入、几乎相同的产品和市场策略，抹平了社交网络可能带来的鸿沟。

同样，这种由关系链所产生的保护效应，也在保护着社交网络平台本身。当人们及他的朋友们进入了同一款社交网络后，那个网络的质量对自己而言就会优于其他对手，导致该用户很难会再消费相同定位的平台，使平台免受同类竞争对手的侵袭。这针对个体而言，感受尤其明显。

关系链也会被误导

不管是微博还是微信，或者其他新兴的社交网络，如果用户发现流动在自己面前的内容不好玩了，一个可能的情况就是：自己的好友圈子出现了问题。

这在现实中确实如此。一方面，用户在社交网络中总是会被一些营销帐号诱导，如此前提到的互惠行为。在微博早期，早期许多内容帐号会给一些用户点赞、转发、收听/关注。许多普通用户因此回听、互粉、互赞。到了微信上也是一样，只是换成了打招呼。通过这种方式成为好友的帐号，带来的多半是扑面而来的营销信息。这些行为一直以来都在遭受平台的抑制和清理。

另一方面，用户本身也是贪多的，他们会不断添加好友（不管是内容帐号、订阅号，还是潜在好友），以为未来可能会有用。但很可能在有用之前，带来了更多无意义的骚扰信息。

我们总是会被各种信息误导，以至收听/关注了一些不合适的帐号，这时，要做的很简单——删除它们。换而言之，一张大型社交网络，除去平台自身的能力和管理外，对于用户本身也有着很高的要求。选择收听对象的质量如何，会决定着每位用户是否玩得开心。

只是，这个清理和维护关系链的动作，对于大多数用户来说，哪怕只是简单的取消或者屏蔽，也是一个成本高昂的动作。对于社交网络的运营与行为观察后，都能得出一个结论，只有极为少数的用户会经常维护、清理自己的关系链。当不合适的关系累积到一定数量时，不好玩的、骚扰的用户与信息，会造成对用户的双重压力，也就是“过载”。

过载危机

人们对于过载的处理总是相似的,即一开始还会不断取消不喜欢的内容和帐号，一旦数量过于庞大，取消的时间和动作就会令人厌倦，于是干脆直接废弃这个帐号或产品。在社交网络中，过载对于任何身处其中的创业团队、企业，乃至平台自身来说，都是一个值得警惕的问题。

以部分微信公众帐号为例，当这个群体开始爆发的时候，部分草根团队用眼花缭乱的速度迅速累积起多个百万、数十万以上订阅用户的公众帐号。但当他们以为可以开始进行商业化运作时，却惊讶地发现，这个帐号无法达到自己的任何目标——公众帐号发出的内容几乎无人浏览。他们的打开阅读比例，由开始的30%迅速锐减到10%以下，再跌到3%以下，主动分享的次数则几乎可被忽略。

造成这一现象的原因是多方面的：一是因为这类帐号无法提供持续、稳定、优质的内容。公众帐号所承载的内容显然比微博帐号的内容要大，这不是简单的复制抄袭所能解决的。二是目标人群已经累积了多个这样的无意义大号，因此直接采取了放弃的动作。这就不难理解海量而雷同的信息被分享到社交网络后，为什么像没有被发布过一样的原因——人们对这些信息直接采取了忽视的措施。

因为过载而废弃整个产品的现象越来越多。如更换手机号的成本其实巨大，但当垃圾短信和骚扰电话越来越多的时候，许多人直接切换新的号码，而忽略掉重新通知好友的时间成本。当手机中拍摄累积的照片越来越多时，人们也渐渐丧失了对它们的整理热情。**信息的海量丰富和随机创造，有时也导致丢弃浪费它们的成本变得极低。**因此，对于过载的警惕一直体现在许多产品中，比如QQ邮箱。

在QQ邮箱订阅推送中，每天文章数量被限定在6～15篇。数据显示出，用户多阅读和分享前面少数几篇；观察文章评论可见，用户的反馈多集中在排在前面的数篇推荐文章中。当一些资讯未读的时间累计到一定程度时，系统就做出反应，自动帮用户完成退订的动作。

围绕过载的保护调整会给聚焦在微博、微信平台上的合作伙伴带来巨大影响。如微信不再鼓励公众帐号一天之内多次下发信息，除非用户主动向公众帐号发出服务需求。

另一个可能的趋势是：微信的入口会被收窄，人们无法记住那么多的帐号，而是会被汇聚为一到数个入口，就像今天的搜索引擎那样。用户并不需要收听/关注无数个公众帐号，而只需要在这个入口中发出服务需求，就会被自动分发给一个或多个最合适的公众帐号来解决与提供。我们甚至可以将这个趋势称为“框服务”。

02

大号崛起：如何聚拢更多新用户

开放平台的一个主要工作，是面对百万以上的注册合作伙伴（不管是QQ空间，还是微博/微信，注册开发者数几乎都越过了这一数量级）不断展开各种沟通，涉及数据和案例、产品与运营。如果说，如何从社交网络中获得自己想要的用户、流量和收入，如何让微博、微信为自己的产品和服务产生巨大帮助，是一个长期目标的话，那么，被企业和合作伙伴问到最多的问题则是："如何让我的官方帐号拥有最多的听众/订阅？"

每个人的好友会构成自己的整个世界，企业通过成为大帐号，拥有更多粉丝听众、订阅者，从而进入更多用户的世界，无可厚非。一般来说，这个诉求会发生在两个阶段：一是微博/微信崛起早期，企业的这个诉求非常强烈；二是当网络已经成熟之后，许多刚刚受到前行者优秀案例和效果感召加入进来的中小企业、传统企业，仍然会提出这个诉求。

大帐号在帮助企业熟悉、了解微博/微信的过程中起到了巨大的作用，但随着时间的推移，更多领先的创业者开始考虑，如何让自己影响、调用、吸引更多的目标用户。大帐号的成长轨迹，就成为了一个可供观察的窗口。只是，他们看到的不仅仅是要做一个大帐号而已。

大帐号

在社交网络，大帐号无处不在。微信中以公众帐号为典型代表，微博中是大V（指被认证的有着众多听众粉丝的帐号），二者的一个共同特点是：拥有着诸多听众/粉丝，或订阅用户。他们发布信息、激发互动，如果将数据拉大到整体去看，大帐号们为社交网络贡献了一个非常大的互动比例，信息通过他们流动到了更多人群面前。

在大帐号中，构成最多的反而是弱关系。弱关系是指用户对某一帐号（企业）并不相识，仅凭借个人的兴趣、爱好而关注/收听。微博中的草根帐号和微信公众帐号聚拢大量粉丝/听众多是典型的弱关系结网。观察它们是如何汇聚潜在用户的行为，会给后进入的企业和团队如何寻找、吸引自己的潜在目标用户群带来借鉴。

大帐号可以分成两类，一类是名人明星，一类是草根大号。前者几乎不用细看，任何一个名人明星在微博、微信上的听众群或粉丝群，多半都是他现实中的知名度吸引所覆盖的人群，加上平台运营方在背后推荐所致。韩寒如果不在现实世界中备受关注，他也不会在微博中简单打个招呼就收获数万回应。而平台运营部门的推荐，继续放大了这部分帐号的影响力与人群覆盖。如果这个明星懂得如何和自己的听众群、粉丝群互动，就更如鱼得水。

草根大号有些不同，他们更多是个体崛起的结果。通过内容运营，或者其他一些方式吸引了许多追随者。这些草根大号分布于从冷笑话，到电商观察，到女孩们的服饰化妆推荐，到生活和工作、感情的方方面面，只要是用户有需求的地方，就一定有草根大号出现。观察这类帐号的成长轨迹，就显得很有参考和借鉴意义。

第一层参考：引导原有用户结网

腾讯微博运营部门经常遇到这样的事情：一家合作伙伴前来接洽，希望官方能推荐自己的微博帐号。微博发展之初，运营会习惯将一些优质的名人、内容及企业帐号进行推荐。从某一程度上看，来自官方的推荐一定是增加听众的最快途径。但随着时间的迁移，运营很快就发现推荐的听众与帐号之间存在严重的割裂现象，即帐号发布的内容、定位与用户的需求存在很大脱节，导致了用户与被推荐帐号之间毫无互动。

查看一些其他大号出现的情况，还会看到另一个现象，即当他们聚拢了某一个数量级的听众后，一段时间内，听众粉丝数字反而会不断降低。细究其因，有以下几点：

• **这个帐号太大了，发的内容无法满足所有人的需求。**迎合了某一人群就无法迎合另一人群。

• **不好玩或没有用。**有些企业帐号每天发布的是与自己定位、业务无关的心灵鸡汤内容。实际上用户收听/关注一个官方帐号的目的，并不是来看冷笑话，而是希望获得这个领域或产品的最新信息，希望能解决自己的问题，一旦对应不上就会直接弃之而去，长期维系一个专业帐号的难度不亚于经营一个专业小媒体。

• **信息过载**。当过多重复的信息出现在自己面前时，用户会加速采取取消动作。微信中公众帐号的信息过载压力被屡屡提及，对于一个用来和好友沟通的工具来说，当看到大量未读信息及文章时，取消和放弃的速度也就非常迅速。因此，公众帐号都会不可避免地经历同样的过程。

• **不互动**。不管在哪儿，对于不回应、回应语气冷冰冰的“机器语言”，用户都会毫不犹豫地取消关注。这一点在前面的章节叙述南京开发者张自创的故事时有过分享。

• **缺乏信任**。在“你的好友即整个世界”一节中，我们已经探讨到了“信任驱除”及由此导致的大帐号数据持续下降现象。通过诱导、强制等灰色方式建立起来的帐号，用户与帐号之间并没有建立信任关系，也没有需求作为依托，导致很容易被用户删除、取消。

与平台推荐相比，草根帐号采取了更多具有争议性和市场性的做法。在“互惠现象”我们就此做了部分提及：许多帐号利用打招呼、点赞等行为来吸引新用户，只是数据上显示，通过这一方式构建的帐号几乎没有效果而言，类似行为也早早被系统限制，甚至导致帐号被强制清空、关闭。另一个主要采纳的方式是互相推荐。不管在微信，还是微博上，因互相交叉推荐而组建的松散联盟比比皆是。这类似于现有渠道/资源的用户转化，成为了草根帐号增长的另一方式。

面对社交网络时，许多企业想到的首先是“拉新”，即获得新的用户和订单。但现实恰恰相反，**关系链（企业和好友之间的关系）阻挡了拉新的速度，服务会成为首要的核心任务。**

现有用户的结网沉淀，促使成熟企业绝大部分能够出现在第一波用好社交网络的名单和行列中，在粉丝/听众数量、活动效果、用户点击回流等多个数据上都能见到类似的结果。某种程度上说，社交网络一开始是企业和人们现有能力与资源在网络中的兑现。第一波红利的获得者会带给大家一个榜样，吸引更多企业与人群进来寻找其中的商业机会，比如微博草根大号、微信公众帐号，前者是对用户在微博中内容需求的体现，后者是现实用户的迁移。

因此，已有的好友转化、现有用户转化总是最容易，当微博及微信自媒体公众帐号希望在弱关系、陌生人群中获得大批拥趸时，做法会艰巨得多。可以优先采取的措施是将现有用户转化。上述措施被有效实施后，不仅原有用户被重新聚拢起来，也可以通过他们的分享和讨论，将信息扩散到了更多好友之中，带来了更多志同道合的新听众。

这些问题不断明晰后，运营部门逐渐减少推荐行为，转而引导企业和自己真实的用户结网。面对来访的合作伙伴，运营部门建议了如下几点：

· 在网站上公开自己的腾讯微博官方帐号，鼓励真实的用户收听；

· 在网站每周固定群发的用户订阅内容邮件中公开帐号，鼓励用户收听；

· 展开活动，和已经收听自己的真实用户进行互动，鼓励他们扩散这些活动信息，并继而引导收听。

微信公众帐号试行之初，也意识到了官方推荐所带来的弊端，于是采取了自我滚动发展的方式，即要求希望认证的公众帐号必须获得一定数量的真实订阅用户，才会予以认证。这一做法催生了大批餐饮企业将自己的微信号放在桌上引导用户扫描二维码，及其他公众帐号不断在微博上、网站中与其他现有渠道中，公开微信号引导订阅的现象。在一些公开的分享案例中，部分创业团队甚至在线下通过和自己潜在用户一对一沟通，邀请对方在微信上关注/收听自己的公众帐号。这些做法的本质一样，也为后续的高互动数据奠定了基础。

以微信推荐的招商银行微信公众帐号为例，招行自己就准备了大量资源：官方网站在广告、持卡人账单邮件等地方附带推广其微信帐号。短短两个月后，招行迅速获得了超过100万的微信粉丝。这些用户原本就是招行的顾客，只是重新在微信上结网，便于招行管理和服务。

第二层参考：优质内容的价值

充沛的情感推动着一批近期发展迅速的“段子手”帐号的发展。每有热点事件出现时，这些帐号会根据事件中的一些特点原创、编辑发布一些好玩的信息。现实中，值得抨击与批评的新闻非常多，这也为这类帐号提供了丰厚的土壤。在推动信息流动的因素中，朴素的情感是一个重要构成，也推动着部分用户转发、评论、收听这类帐号。此外，人们将查看轻松好玩的内容当成是娱乐本身，促使冷笑话、心灵鸡汤、语录党这样的内容帐号在早期迅速爆发。在第二章第一节“充沛流动的情感与自娱情结”中，我们分析了用户对内容的需求。

当一张社交网络形成时，一开始都会缺乏好玩、有用的内容，用户会积极主动地寻找这些帐号和内容，因此越早进入就越能聚拢足够大的人群。用户在搜寻这部分帐号时，会愿意根据好友收听的情况、内容的专业度以及互动质量做出优先选择。如冷笑话系列帐号，今天任何一个团队再做，都无法超越现有大号千万以上听众的规模了。最早进入微信的自媒体在开始所获得的订阅数量，也使后来者难以企及。

当网络已经到达一定规模时，专业性开始逐渐取代无聊的内容，面向垂直行业、细分领域提供服务的帐号也随之大批涌现。这时，社交网络中各种信息与评价充沛流动，**无意义的信息同样充沛，所以能够更好地解决人们需求的信息、帐号、服务的价值反而会迅速凸显，备显珍贵。**人们在厌倦无聊的时候，也会开始主动寻找这些价值点。这是《免费》一书中的观点，在微博与微信的发展中同样被印证。

女性帐号或以女性视角存在的帐号是这一方面的代表，例如“淘女郎”及“美丽达人”。一开始，“淘女郎”只是淘宝网的一次评比活动，意指活跃于淘宝上的女性。很快，她们纷纷在社区、微博中分享自己的装扮心得与购物经验，引导其他女性用户在淘宝上购买自己心仪的东西。现在许多导购网站中，专业的“淘女郎”“美丽达人”已经成为贡献内容的核心高质人群，“淘女郎”也逐渐成为网上导购的专有名词。

这些帐号虽然是草根，但由于时间和人力的投入而变得更有吸引力。垂直专业帐号在聚拢某一类同兴趣的人群上起到了很重要的作用——我们强调了帐号内容的“专业”，即在社交网络中，弱关系的结网需要满足人们的某一种需求，专业的内容是获得信任赢得关注/收听的最主要原因。

搜狐新闻客户端的微信帐号运营也体现了这些特点，工作人员王璇在《新媒体如何玩转公众帐号》中总结如何吸引用户添加搜狐微信帐号时说道：

· **内容独家**。别的地方没有，要想看到这些内容，就只能关注这个帐号。如在元旦和春节做的明星拜年送祝福，通过一线采访收录到很多明星的拜年祝福，包括姚晨、韩庚、Angelababy等，放在合适的地方进行推广，吸引粉丝来收听。

• **内容够新奇**。人都有好奇心，都喜欢了解一些自己不曾了解的故事和知识，我们就做了一些未解之谜等内容来做引导推广，效果不错。

• **内容有深度、全面**。现在大家谁都不缺信息。作为一个资讯媒体类的用户订阅者，绝不是仅仅告诉用户发生了什么，更要告诉用户为什么会发生这些事情，对他的生活、工作、价值观会产生什么样的影响。大家会很喜欢一些比较有深度解析的、带有独特视角的文章。这时，做适度的内容引导会带来一定的微信订阅数。

"内容为王"是典型的编辑语境。在过去传媒中，以优秀的内容与编排来获得用户，这样的做法并不会过时，尤其是在手机上订阅过多、自媒体帐号引发信息过载时，精准的内容是吸引用户打开和继续留在用户订阅列表中的最有效方法，而精彩的内容也推动着用户分享，内容与拉新被简单地融合到了一起，这就进入了一个正循环。

第三层参考：创造成本

不同的社交网络中，不同的大帐号呈现出截然不同的特点。如轻松的冷笑话等帐号崛起在微博之中，各类有用、专业的公众帐号则进入了微信公众平台。

一个重要因素是创造成本及维护成本。微博的创造/创意成本、用户的消费成本都最低，能够支撑海量的帐号。微信公众帐号定位于"品牌"（再小的个体，也有自己的品牌），维系品牌也罢，创造品牌也罢，优质而精彩的内容往往难度很高，需要的时间与投入都不可同日而语。如果再看8秒短视频应用微视，会发现创意成本更加高企，比公众帐号有过之而无不及。许多人能够写好一篇文章，不一定能拍出一段轻松幽默的小视频，因此导致优秀的帐号不断汇聚更多用户，形成更加尖锐的数据曲线存在，其他人即使拷贝抄袭，也难有建树，这些最终都将反应在“阅读”与“分享”等关键数据上。因此，在微博中，我们所见的多是一个小团队操作了数十上百帐号，在微信（包括微视）中，多变成一个帐号由一个小团队在打理。

顺着成本这条途径去看，越是内容成本高企不下的产品，优质内容帐号所聚拢的用户数量与价值就越大，获得的播放、点击、阅读的数据就越大。同样以啪啪、唱吧、微视为例，原创用户的比例都非常低，但所激发的播放和阅读的数字极为可观，名人明星帐号与优质草根内容帐号的价值更加凸显。我们观察其中一款产品的数据，甚至看到了当天原创率只有总激活下载用户的1%，但平均每条内容产生了上千的用户浏览。

大帐号的运用

内容大帐号的存在，为企业缩短熟悉社交网络的时间提供了新的渠道。企业对微博/微信的认识与公众不同，它们更愿意关注实际用户、流量以及收入转化，因此对于时间和人力的投入会更加谨慎。而内容帐号的出现，就给企业提供了一个快速筛选自己用户群并接触他们的通道，这弥补了社交网络在刚崛起时商业化不足的工具与管道的匮乏难题。后者因此投入在内容帐号上的费用，会令小团队们获利丰厚，继续推动了这些草根帐号继续蓬勃发展。

目前，大部分业界盛行的微博营销、微信营销的案例，多半是大帐号运用的结果，不管是付费还是非付费，许多内容帐号因此十分忙碌。大帐号和大节点（下节内容将要详细讨论）的组合也是一个常见组合运用，如许多企业将普通用户的夸奖、名人明星的背书、官方帐号发布的内容，作为传播的核心内容，付费邀请大帐号进行转发扩散。这可以看成是建立一套稳定的分享系统、推动企业尽快达到社交网络引爆点的有益补充之一。

只是，当营销活动盛行时，过多的广告信息，如影随形的过载压力也令用户自发启动清理机制，开始驱除这些帐号和信息。企业依赖于这些投放时，缺失的服务与信任建立，一是会令企业陷入投放依赖，效果曲线形成一个个尖刺，即没有投放时没有效果；二是即使仍在投放，效果也迅速趋于下降。如果是这样，那么社交网络在企业面前已然变成传统投放渠道，毫无红利可言。在这种制约下，一些企业将大帐号的运用集中于开始进入社交网络的早期阶段。

新的机会点

随着时间的推移，**内容帐号作为专业服务与用户在社交网络中的天然接触点，也将迎来一些新的机会。**比如，当我们在微信上通过“新年红包”这个公众帐号来制作一个红包时，实际上享受的是一个微型金融服务。向“出门问问”帐号发出询问时，也类似于在使用一个轻应用。不同的领域，经由一个帐号被巧妙地连接在了一起。

“帐号本身就是轻应用”这个趋势，已经不可避免地到来，结合富信息的演进，企业在社交网络中将提供的服务、与用户的交互，都将发生新的化学反应。

03

每个帐号背后有力量

从大帐号的成长中，我们得见如何来与潜在目标用户打交道，并得以明确一点：应用、企业，都不应只成为一个大帐号，而是让每一个自己的用户、每一个帐号，都能成为自己发展路上的动力。如果说“检验产品成功与否的一个重要标准是，用户愿不愿意谈论自己”的话，那么，谈论自己的“用户”（他们以帐号的状态存在于社交网络中）就是第一个关键词。在社交网络的第三方帐号登录体系中，我们可以观察到这一点。

开篇前言我们得见，移动互联网中啪啪成长非常迅速。创立之初，创始人许朝军摒弃了用户在应用上重新注册自有帐号的做法，选择采用现有社交网络帐号登录。产品推出3个月后，啪啪就已跻身业界最受欢迎的移动应用之一。

用户登录啪啪，不仅仅是使用一个简单的用户ID帐号，他带入的是自己整个社交关系链和朋友圈。在过去，一个新的产品如何快速获得用户（注册），并鼓励用户之间互相关注、收听结网，一直是个高难度动作。在这个阶段倒下了一大批SNS产品，以及希望在此领域发展的应用。但利用已有的社交网络帐号，许多新兴应用回避了这个难题。

为什么采用现有社交帐号登录体系

直接采用成熟的社交网络帐号体系，对于应用与网站的价值，早已为业界所知。以国内目前使用量最大的帐号登录体系QQ互联公开的数据为例，2011年时，接入QQ互联的大中型网站新用户转化提升20%～35%，评论、收藏等互动行为提升15%～20%。到2013年时，无线APP合作伙伴中，有的用户来源最高近八成来自QQ互联，如果登录和分享联合使用，则分享数据还将提升40%以上。显示出用户对现有帐号体系与关系链的依赖。在海外，数据也同样趋于集中，Facebook、Twitter、Google+等帐号占据了绝大多数应用的登录窗口。

尽管早在2006年前后，业界已经开始讨论“POWER ID”这个概念，探讨采用第三方帐号登录体系的发展与商业潜力，概念的提法也首先就认可了ID（帐号）的价值，门户网站帐号一度是这个概念下的有力竞争者之一。在实际发展过程中，电子邮箱、手机号以及社交网络帐号这类以信任机制和现实人脉为基础的帐号体系，最终成为业内首选。

对合作伙伴而言，好友之间的再度互相添加会拉入更多维度的好友，用户进入和寻找好友的时间越短，越利于新用户消除陌生感，继而减少新产品获得大批用户的时间。好友们自身的活跃与沉淀的内容，也将变成新加入用户的导师，其言传身教可使新用户迅速适应新的环境。

在日常工作中，一些时常和APP合作伙伴展开的产品测试也显示，定向邀请好友会获得非常满意的响应。

对这些认知，社交网络运用在自身的发展过程中更为酣畅淋漓。如微信自身用户数的快速发展，就是充分利用现有关系链的最佳典范。观察过去的发展，“附近的人”与“摇一摇”这样两个强娱乐属性的新功能推出，起到了里程碑式的作用。从2011年8月开始，这样的信息被一些用户发布在微博上，如今已经很难再查询出谁是原创者。网上有个很有趣的段子：

> 最近刚下载的微信，有个搜索附近的人的功能，挺好玩的，没事就乱搜。今天回老家了，农村的，到河边去钓鱼，然后拿起手机搜索了一下。“附近有4个人在100米以内。”我就四处看，只有我9岁的弟弟在我旁边玩。河对面是个墓地，哥迷茫了，彻底。

新功能在用户群中关注度的迅速上升及各种带有极强“槽点”的讨论——“自娱现象”对吸引更多用户的目光产生了巨大作用，吸引了大批新用户下载使用新版微信。在QQ关系链、通信录的作用下，用户又迅速和现实中的朋友们在微信上再度结成好友。

类似一幕，我们还可在过去开心网快速崛起之时看到。当时，邀请朋友们来和自己一起玩偷菜、朋友买卖等游戏，为用户们提供了一个有趣的出发点。只是那时，邮箱与MSN好友关系链起到了更为重要的注册转化与新用户教育的作用。新浪微博上线之初充分利用了MSN关系链，腾讯微博上线后，鼓励QQ好友相互收听。到2014年年初海外职业社交网络LinkedIn进入中国市场后，利用邮箱通讯录、国内社交网络帐号系统是其第一时间采取的动作。

社交帐号价值还会体现在另外的层面上，即结合分析用户在社交网络中的喜好和个性特点，提供更精准的服务。

大节点

对于合作伙伴而言，每位真实的用户都是一个价值点，社交网络通过推出的第三方帐号登录体系，将价值点与合作伙伴做了共享。

在社交网络中观察关系链，必须要回到信任机制上来。蕴含信任的帐号可以称为是“大节点”，这是有别于大帐号的存在。虽然社交网络是以信任为基础，但对于大部分弱关系的内容帐号、企业帐号而言，需要太多时间与服务来积累信任。因此，他们即使能够成为大帐号，也无法迅速成为大节点。

有效区分社会化营销的效果，“大节点”是一个很好的观测点：如“褚橙”在2013年上市时的大销，正是以王石、任志强等一代企业家在微博中的背书和肯定为出发点的。Roseonly的崛起，也和大批明星背书、晒花密不可分。

我们所知的“大节点”，更多是指某一特定的精英人群。由于人们在各自领域中建立了对朋友、听众/粉丝们的影响，在信任机制之下，大家愿意采纳或参考。在这个概念下，“大节点”不是指所谓的帐号大小，而是指该用户影响他人的能力（或者他人面对该用户的信任程度），哪怕他只能影响10人，也是这10个人面前的“大节点”。如一个帐号有100万听众/粉丝，这是一个大帐号。如果一家企业，当天有1000人主动提及和分享了这家企业的故事和内容，哪怕没有收听/关注该企业帐号，也仍然是企业的“大节点”。

合作伙伴们面对的“大节点”也围绕此而言。如啪啪，无数时尚、玩法奇特、勇于尝鲜的年轻人成为了他们的“大节点”。美丽说、蘑菇街将年轻的18～25岁的女孩子，成功地从微博中抽离出去，唱吧将喜欢唱歌的用户、麦霸们收拢起来。这些人群所创造的优质内容，充沛流动在他们所在的不同社交网络中，引起了无数互动，将由此影响到的追随者们吸引到新的产品中来——后者我们称为“互动补贴”，将会在互动章节中进行更详细的阐述。

许多异军突起的新应用，都成功地吸引了一批这样的大节点。

实际上，**大批企业已有的用户群，经过多年锤炼、筛选，本身就是“大节点”**，需要寻找的是激起现有用户群在他们所习惯的社交网络中的分享热情而已。在这一点上，我们往往惋惜地看到，许多传统企业面对微博/微信，反而是向外求，急于营销、急于拓展不存在关系的帐号和用户。这造成了大批企业陷入到“适应期”中无法自拔。

创业者要寻找和拓展的也是新的大节点，而非仅仅是大帐号。这和传统商业中确立自己的目标人群如出一辙。也如第一章中所言：每个有影响力的用户都是自媒体，他们同样是“大节点”。

大节点与电商

大节点的作用，在电商与社交的结合中更为清晰地体现了出来。此前，笔者面向身边友人中的300位职场女白领（通过QQ、MSN、邮件等方式）做过一次市场问卷调查，希望了解朋友之间的分享互动对于购物决策的影响。结果显示：衣服鞋包、帽子围巾等是女孩子最常购买的商品，占比达到71%。在网上，着装方面的信息也是女性用户的最爱，占38%。女性对朋友推荐的服饰，47%会认真考虑，有43.3%会在购买前参考其他用户的评论。如果有合适的地方帮助她们决策，或者有朋友帮助她们决策，考虑购买的可能性则还将增至88%。

数据显示，经常聚会的女孩子占比60%，剩下的是偶尔（尽量回避聚会的只有1%），聚会中讨论妆容打扮、衣服款式的占48%（相比之下，娱乐八卦的才只有28%）。对朋友关于服饰的推荐建议会认真考虑的有47%，还有同样比例的女孩子选择正常参考（剩下的6%有主见，自己拿主意）。

这个调查不一定准确，因为受限于个人的人脉圈子、调查的时间点等。但在这个调查中，还是有些结论可看：

- **分享**。女孩子们愿意和自己的闺蜜分享关于购买的商品信息。其实，用户都愿意分享，不管是微博、聚会，还是在QQ上、电话上。
- **圈子（也就是关系链）**。既然要分享，就要有一群好的分享对象，这些分享对象多半是自己的闺蜜或者同事、同学。
- **互动**。如果能得到朋友们的认可，则购买比例会直线上升。互动激励在这个环节被清晰地显露了出来。

• **精神领袖**。如果圈子中有朋友是衣服鞋子方面的时尚专家，那么就听她的！如果没有，就找一个。

调查中还有一组数据：参与调查的女孩中，有51%选择每月网购不超过300元，而不超过200元的还占总数的41%（其他女孩子的选择是只要喜欢多少都成）。这与第二章第三节“信息的承载”上所观察到的结论一致：越在微博上卖得好的商品（价格是在100～200元之间），用户的转化效果也越好。因为价格低，也是常购之物，试错成本不高，因此犹豫考虑的时间不长。衣服、鞋子这些销售量最大的网货正是具备这些特点，面对标准化的商品，大号或者相对联系不是那么强的帐号推荐也能发生作用。

我们选择了随意一天中，四家电商网站的分享数据，以及因此获得的点击访问数据，也将当天中两家类似量级的资讯网站数据详列出来做一个简单的参考对比（见表3-3-1）。观察其中分享与用户回流访问、购买之间的数据联系，能看到另外四个特点：

表3-3-1

类型	网站	当日分享信息条数	当日点击访问	点击/分享倍数
电商	A	7004	394588	56
	B	62	769	12.4
	C	708	5944	8.4
	D	7232	9734	1.3
资讯	E	42334	123046	2.9
	F	21234	61702	2.9

·对比同用户数量级的网站，用户分享电商商品的比例要远远少于资讯网站。

·用户与含有商品信息的微博互动次数，要远远落后于资讯网站十倍以上，甚至更多。

·被分享的商品信息所要发生作用的时间远远超过内容链接，且被分享次数越多，长尾效应就越趋强。

·分享用户如果增加，回流倍数也会大幅增加。这个倍数甚至超越内容资讯网站。

换句话说，除非是非常满意和开心，认为很有必要炫耀一下，否则人们会吝啬于秀自己购买的商品。而面对朋友的分享，看到后会默默参考的比例却非常大。尤其是越贵重的商品，人们询问、参考朋友建议的比例越高。这时，被询问的朋友，就是一个有影响力的大节点。

最活跃的四大领域

在QQ互联另一份公开视频中，详细介绍了利用QQ登录、注册的合作伙伴相关转化数据。其中美丽说新注册用户提升比例为35%、唱吧新增用户中半数来自QQ互联。一款新应用在推出并采用社交网络帐号体系时，用户的转化与留存大幅优于自建帐号体系。

截至目前，包括唱吧、啪啪、抬杠等在内的超过七成以上的网站与APP采取了社交网络的帐号登录体系。如果将所有这些合作伙伴做个排序，用户在电商导购类（如美丽说、蘑菇街）、音乐视频类（如优酷土豆、音悦台）、娱乐分享类（如唱吧、啪啪、抬杠）、趣味测试类（各种小测试、小应用）这四个领域中使用社交帐号又最为活跃。

这四大类领域其实有着一些共同特点：

一是沉默用户多，正如书中探讨的“轻”和“重”的问题那样，创造是一个很“重”的动作，尤其在大部分无线应用中，原创用户占当天活跃用户的比例不足10%（占总激活用户数也就仅1%左右），更多用户以沉默的、只浏览的状态存在。吸引更多浏览用户转化为注册用户，并黏着下来，就是一个运营上不断聚焦的问题。二是随时迸发的轻娱乐，所需花费的时间并不多。对于这些应用，一个时常使用的帐号体系，显然比新注册来得更为简便。

通过关系链及现有的社交网络帐号体系，用户覆盖变得精准（人以群分）。老用户的召回也将变得容易，成本低。当用户看到好友在另一个产品中所做的创造、成就时，有着极大意愿再度回到那里。在过去，召回总是伴随着大量广告投放、运营活动展开。社交时代中，每次召回都是用户在不经意间实现和完成的，发生作用的仅仅是一条条信息被分享到好友们中而已。

这是许多企业拥抱社交网络的另一个关键原因：当前期时间、人力成本投入进来，并建立起稳定的用户关系网络后，可以反复影响用户，又在用户的分享、讨论、互动中产生的信息流动中，再度获得更多新用户。这些资源可循环利用，不同于其他渠道与平台的一次性流量分配模式。社交网络帐号中蕴藏的典型的“拉新”作用和“召回”作用都在发挥作用。

社交网络的核心任务之一

社交网络的影响力正是通过这一个个帐号来实现的：**当一个社交网**

络的帐号体系被业界采用得越多，其帐号中所蕴藏的活力及对其他平台的竞争力也越强。各大社交网络都在努力推行自己的帐号登录体系，原因就在于此。

同样，鼓励自己的用户结识更多的好友也是另一个核心任务，关系链的深厚，有助于用户的活跃与玩法的创新，更有助于合作伙伴的调用。这时，用户活跃指的不仅仅是在社交网络中，同样包括使用这个帐号活跃在其他应用中。

但也并非是好友数越多越好，我们前文提及的“过载危机”，会自然限制这一数字的扩大，以及限制社交网络自身的不断庞大。或许不远的将来，一些大型的社交网络将会开始分化，有的专门提供ID，有的专门提供某一类功能和细分服务。

04

不要用水军

一次，一家知名互联网公司在微博上遭遇了一个小风波：服务上一个小瑕疵令一位认证用户不开心，后者在微博上发出了一条对这家公司的质疑信息。有一句话说得很重：“这家公司怎么这么烂？”

大型企业的公关部门多会实时监测网络媒体、论坛、微博中提到自己的信息，以方便快速做出回应。这条信息很快被该公司监测到了，信息迅速被上报，公关部门领导要求“处理”一下。一些员工因此先用自己的小号进行了回应，语气不是那么柔和。

似乎那位认证用户发完后就没有再刷新微博，半小时中，这些小号全然无功。认证用户自己的粉丝/听众群则在转发中分成两派，一派借机援引了更多亲身经历的事情，赞同“这家公司烂”的结论，另一派持中立之论，认为结论过分。

公关部门见没有起效，开始要求服务自己的公关公司协助。其中一个做法就是调动了水军帐号围攻，认为可以逼迫他删除微博。那位认证用户没有接招，明显看得出不在线上。留心数一下他过去的微博，平均每条被转发在二三百次。可是在这半小时左右的“微博公关”中，吐槽的信息早早被刷到了1500条。事情走向了让这家互联网公司最早担心的方面，随着上述骂和刷的过程，越来越多的真实用户被卷了进来。这条微博被扩散的范围越来越大了。

到这时，公关部门才反应过来，发现这样的操作是不对的，开始转而寻找联络这位用户，询问究竟是有什么服务瑕疵？信息是不是可以删除？此时，那条微博的转发评论已经刷到两千多条了。

在微博来临之前，企业习惯如此操作：媒体精英（编辑）推荐体系，导致编辑可以根据自己对某一事件的判断和理解来推荐，或取消推荐某一新闻（甚至是删除新闻链接，这种做法一度是媒体公关，尤其是危机公关常见的方式之一）。因此，维护好有限数量的精英媒体与编辑就成为企业传播、广告公关等业务的核心任务。这一特点在以话题聚焦设版的BBS中也是如此，获得版主推荐或水军操作能迅速拉起单一事件的火热程度，进入版主推荐的视野或者热度榜单中。

面对快速崛起的社交网络，部分企业以类似习惯，通过虚假帐号（水军）来为自己奠定进入的门槛。这一做法显然和上述案例一样，会遭遇麻烦。

李开复：碰见危机怎么办

案例其实换个角度来看更直接：在社交网络中遭遇危机时怎么办？社交网络中，由于用户更易于评论及帐号与帐号的平等存在，反而使企业遭遇了一定的“不平等”，从而考验企业如何调整、适应新环境。并不是所有的批评都必须回应，总会有一些不对的，或一些不喜欢自己的批评者出现。企业要评估的是，这个批评是不是用户在使用产品/服务过程中遇见了问题，而需要帮助。从这个方面看，在社交网络中提供服务依然是核心。

一些企业在拓展市场的过程中，有时也难免遭遇一些被放大的危机公关事件，这是案例中动用水军的可能考量之一。其实也大可不必，李开复曾经在微博上遭遇过多次危机，他所采取的策略有很大的参考性：

• **迅速回应**。社交网络的不断发展，带来的媒介权力迁移促使当事人或当事企业的帐号本身就是最佳的信息散发渠道，可充分利用自己的帐号来迅速、持续传递正确的信息。

• **不和对方转发争论**。用转发来回应对方错误信息的过程中，由于字数的限制，容易导致自己的信息最后被新转发的用户删除、丢失。李开复在微博上处理危机时，只发出新的信息来回应，这样避免了在后续不断转发中传递了对方错误的信息，也避免了和对方形成骂战这样令人反感的现象。企业面对麻烦时，同样不建议员工在社交网络上进行争论。

• **信息透明公开**。在危机中，李开复都迅速公开回应质疑的原始资料，直接回答疑问，并向公众公开如何获取这些资料的方式和渠道，方便公众查证。信息公开会阻止谣言或错误信息的再度发生与传播，在日常运营中也利于在社交网络中建立高度的信任感，从而降低与用户之间的沟通成本，形成较高的忠诚度。

• **请朋友帮助**。在关系链传递的规律下，邀请熟悉情况的友人、员工、用户发布自己掌握的正确信息，有利于正确信息的快速且更大范围的传递。不过，操作这一点时也请留意，提醒帮助自己的人遵守上述原则，不与对方争论，不然小事件也会被反推为危机事件了。这个原则与社交网络鼓励信息流动的大原则是一致的，越是公众引发的大规模危机公关事件，这一原则所起到的作用就越大。

• **储备信任**。不断在社交网络中帮助他人会积累信任，获得更多听众和朋友。

无信任的帐号无价值

动用水军的初衷，依然认为微博是媒体，并继而认为可以被影响。事实并非如此，关系链在微博中发挥了巨大作用。每条微博背后都是真实的个体、真实的圈子和朋友们，信息在关系链上顺势而下，发布者所依附在其上的信任与过往的经历、专业判断等，都依附在这条信息上得以扩散，受众则因此映射出自己的真实感受、见解和判断。

社交网络平台对于关系链中真实信息的重视，一直是一个隐形特点。腾讯微博2013年版本中就着力于放大了其中的两个方面。一是“好友在说”，好友们在讨论什么热点，是不是有好友也在说和我类似的事情？二是“最新热点”，更多的圈子此刻在讨论什么热点？

而水军没有好友相互认识、信赖的过程，他们的信息不会流动到真实的用户面前。从刚才的案例看，急于求成的企业利用水军介入，除了在数字上给老板“好看”外，最后只激怒了真实的用户。用户总是很轻易就发现企业是否使用了水军来推动自己某条信息转发。央视2013年“3·15”晚会所引发的“大概8点20发”的风波就已经证明了这一点，当用户觉得自己受到欺骗时会群起嘲讽，这些嘲讽又伴随着自娱现象，以更快的速度流动在各个圈子中，企业往往遭遇更大的损失。

部分企业使用水军的用途或许还在于虚荣，如给自己制造一个粉丝/听众很多，或者转发/互动很多的假象。只是虚荣经不起推敲，要么是动用庞大的僵尸用户，转发内容千篇一律；要么是有着庞大的听众群却转发/互动寥寥；要么是利用这些帐号不断发布和自己相关的内容链接，希望拉动流量和销售，最终数据显示这样的做法起不到丝毫作用，用户很少为这些不真实的帐号和行为点击或购买。

其实，企业惯常采取的删除动作，在社交网络中也没有多大价值，这是因为：一是实在过于细碎，删除成本过高；二是**信息自身具有生命力和流动性**。即使要求始发用户删除了这一个信息，也会被其他用户留存，再发布，并激发出更大的波澜（或在其他时刻继续激发出新的波澜）。越是知名企业和知名品牌或与热门事件相关，这样的特点就越明显。这或许是大型企业与品牌可以更加便利享用社交红利的同时，所面临的“不平等”考验吧。

因此，我们对过去的公关传播方式需要思考，人们更容易相信自己关系链传导过来的信息及真实的互动回馈，也更容易发表评论，任何一个观点都不会轻易改变。而社交网络带来的“不平等”，令企业无法更好地感知这些评论与投诉信息，如果批评的用户够多，就足够在短期内导致事件成为危机。

用户更乐于解决问题

即时而快速的服务、沟通，显然是化解这些担忧的最有效的选择。在社交网络中，流动的信息部分伴随着情绪化，当服务和产品有瑕疵时，用户会以自己的习惯，在自己的帐号中率性发表评论。但这并不意味着用户对产品和服务的否定，这给企业带来了一个沟通的机会点与改进点。在建立一套持续、稳定、有效的分享体系或者文化的思路中，构建快速合适的客服体系是其中的最关键组成部分。

用户乐于沟通，乐于帮助企业解决问题。业界也有类似的数据公布：主动服务很重要，接到反馈的用户，会有34%删除差评，33%改成好评，18%变成忠实用户。这时，企业往往认真接触，诚恳说明原因，用户都会很理解。案例中员工的小号与对峙，同样不解决问题，不如让真实的员工上去，微笑着说一句话："感谢你的问题反馈，我们这就去查找原因。对了，方便留下联系方式吗？我们找到了原因好联系你，谢谢你帮助我们改进。"从这点上看，用户永远都是善良的，提建议和意见是恨企业不成钢。

信息也伴随着自我纠正、自我清理机制在自我运行。在这个特点下，聚拢真实铁杆用户的价值继续出现。有时，用户不仅会协助企业和产品的信息扩散、吸引来新用户，还会在不知不觉中充当客服人员。

在社交网络上，人们因为"愿意帮助他人，愿意自己所处的世界更美好"这一良好的愿望，促使在社交网络上吐槽、负面评论等行为被自然压缩在一个很小的部分，且大部分吐槽分享都可以通过官方帐号或者员工帐号快速互动、一对一回应（如私信、评论、微信公众帐号服务等方式）而解决。企业能够激发成公众事件的更为稀少，除非是产品和企业出现了大规模问题。

05

细微分享汇聚出的庞大收益

社交网络已经成为继搜索引擎之后又一个流量分发中心，过去是微博，现在微信也开始显露出自己的力量。这一切的到来，仅仅是依靠用户自然细微的分享所成就，甚至随着时间的推移，这种力量还会发生更大变化。

网站和应用是如何从社交网络中带走那些可观的流量的？一些基础的数据能够从细节处显示得更为清晰。我们在后台调出了一些网站每天的微博分享与因此产生的点击访问回流数据，从中能够发现一些清晰简单的规律。

表3-5-1

日期	分享次数	被分享网页数	当日首次被分享网页数	点击次数	被点击网页数
2012/6/1	4, 990	3, 182	907	11, 135	5, 008
2012/5/30	5, 015	3, 178	800	12, 595	5, 732
2012/5/29	5, 957	3, 124	1, 794	17, 092	6, 029
2012/5/28	9, 800	3, 423	2, 295	18, 255	5, 525
2012/5/27	5, 114	3, 219	1, 528	15, 133	5, 566
2012/5/26	12, 704	3, 512	1, 987	18, 301	6, 353
2012/5/25	4, 902	3, 013	1, 365	15, 327	5, 842

表3-5-1是一家普通网站一周以来用户主动分享到腾讯微博，及被点击回流访问所产生的实际数据表格。当中的数据，清晰地指向了几个方面：

• **网站所获得的点击回流访问与用户独立分享次数正相关。**分享的用户人数越多，回流次数就会越高。如果不考虑分享信息质量的优劣程度，单纯数量的增加就会直接拉动回流访问数据。在腾讯微博中，类似案例比比皆是。ShareSDK后台数据中，也看到了相同规律。图3-5-1为一款手机游戏尝试展开活动激励，可见分享数据小幅提升的状况下，回流访问/下载直接大幅度跃升。

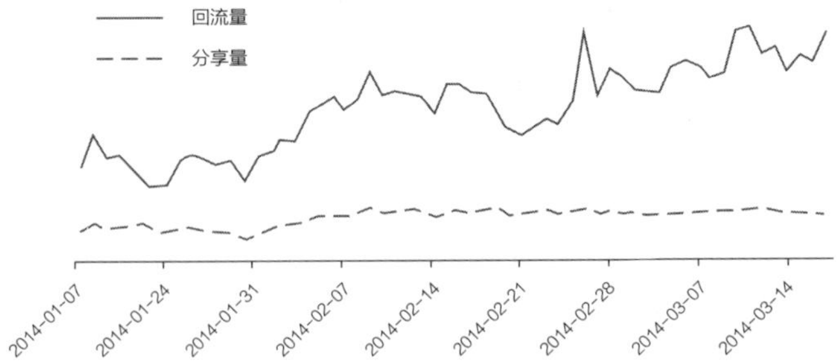

图3-5-1

不同类型的网站或应用会有不同的倍数体现。按照目前测算的数据，科技类网站平均每个被用户分享到微博的链接会吸引2～3倍的用户回流访问原网站。最高的是视频网站，能达到30多倍，其余则高低不等。

回流之后，还有一层体现放大效应的数据在背后，即回流到目标网站后，用户将再度访问多个页面。在2010年对用户社交行为的持续观察中，就已看到来自社交网络的用户通过这一数据显示出更高的质量和黏着，再度访问页面的数字因不同类型而变，资讯类网站平均会在6～8倍之间，最高达到了30倍以上（如女性站点）。

到2013年年初，友盟发布了2012年度移动用户行为分析报告，显示出有社交分享行为的用户普遍为重度用户，他们对APP更加认可和依赖。同一个应用中，有社交分享行为的用户，平均每人日使用频率是无社交分享行为用户的3.5倍，平均每人日使用时长是后者的3.8倍（如图3-5-2所示）。用户通过社交分享，能够形成病毒性传播，进而带来更多的用户。友盟由此在报告中建议，开发者需要集中精力为这类高质量的用户提供深入的服务，并参与到社交分享行为中，以便更有效地推广品牌（友盟2012年度报告：《移动互联网重塑用户生活》）。

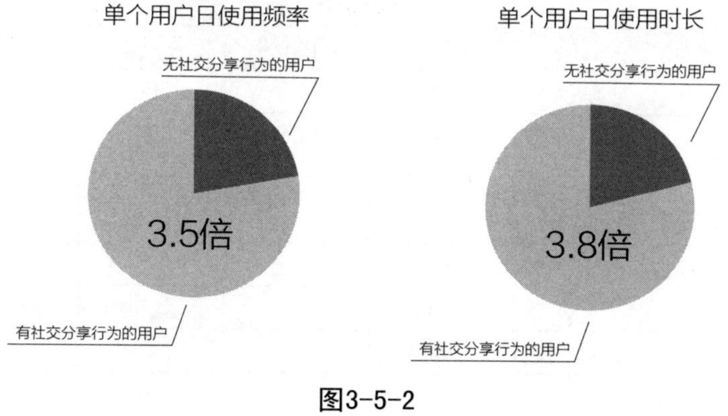

图3-5-2

·产生流量的链接其实来源于更长的一个时间段。从上表可见，用户每日创建分享的链接数远远少于被点击而产生流量的链接数量。这显示出，过去数天乃至更长一段时间内被分享、发布的微博仍在产生长尾效应，而且还不低。

观察其他一些生命周期很短的的小应用，在完成使命后，仍会在一个月内持续获得来自社交网络的流量。在每天回流排名前列的网站数据观察中，也能看到被点击的网页数字数倍于当天被分享的总数，推测出分享到关系链中的信息，在很长一段时间内仍会持续产生可观的回流。从这些基础数据出发所进行的观察，会再次印证互动带来信息生命周期延续的观点。

其他网站数据中，也能看到同样的结果：如第一章第一节表1-1-1中出现的A站点分享和用户点击回流访问的数据。当天，用户分享/发布了超过15万条信息到腾讯微博，产生了超过81万次点击访问。在社交网络中，我们倾向于认为，这81万次访问更接近独立访问人数，而不是单纯的访问量。另一无线合作伙伴提供的任意一天后台数据（见表3-5-2），也清晰地显示出分享与下载之间的关系：

表3-5-2

	微信	QQ空间	手机QQ	腾讯微博
分享次数	3349	838	564	128
分享人数	2715	608	374	105
下载	12352	1545	1868	628
分享次数/下载转化	3.68	1.84	3.32	4.9
当日总分享次数	4879			
当日总分享人数	3802			
当日总下载次数	16393			

分享和回流下载，在不同的场景与关系链状态中，数据会显示出较大的差异性。上述表格中显露出了实时在线的强关系巨大的影响力，而夹杂了弱关系、追求信息流动的微博，则在转化倍数上还算领先。（另一张分享与下载之间的图表在第一章第三节表1-3-1，则显示出了微博/微信均衡的影响。）

在用户分享行为中，绝大多数来自于用户主动使用部署在网站和应用上的一键分享按钮。这些被部署的基础组件细微到可以被忽视，却和帐号登录体系、分享出去的信息一道，源源不绝地从社交网络中将可观的流量、用户带回来，每天循环往复。

在网站上，用户触发分享按钮的行为非常普遍，但总有一部分比例的信息最后仍会被取消。在持续观测取消的原因中，一部分来自于分享按钮是否使用快捷、便利，一部分来自于网站预设的分享信息的文案（信息的质量会影响用户分享的欲望与比例），还有一部分来自于好奇，用户点开分享按钮想看看是做什么的，由于需要回到社交网络查看分享后的结果，导致部分用户流失。合作伙伴部署任何一家社交网络的分享按钮，都会经历用户好奇的时间段，并在很长一段时间内逐渐影响数据的走势，尤其体现在曲线的逐步上升上面。

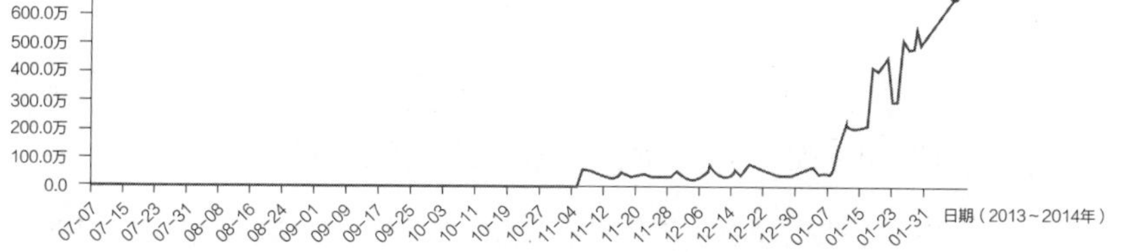

图3-5-3

图3–5–3是一家合作伙伴接入分享到腾讯微博后所获得的用户点击回流访问的曲线变化图，横轴为时间，纵轴为回流访问的用户数。这条曲线非常典型，大部分应用和网站，乃至在大部分平台中都呈现出同样特点，比如你把平台名称换为QQ空间，或者微信。在这条曲线中：

• **合作伙伴并不是一开始都能够从社交网络中获得心仪的用户、流量、下载、订单等，都需要经历一个漫长的适应阶段。**适应期的时间长短，会因不同类型网站或应用而不同。许多网站会在这个阶段花费非常长的时间。从曲线图中可以看出，自2013年7月后的4个月时间内，这家合作伙伴从腾讯微博所获得的用户数和流量维持在一个较低的高度，直到4个月后，才渡过适应期，进入了新的快速上升期。

4个月的适应期难说长短，比如唱吧渡过适应期只用了大约7天时间，但对于大多数合作伙伴而言，4个月仍是较快的过程。更多合作伙伴无法忍受或急于更快的速度渡过适应期，因此采取了不断加强各种运营的活动，以及营销投放的策略，来缩短这一阶段（如第一章第三节图1–3–3）。

这一策略能够在一定程度上起到作用，即通过活动或投放所拉起的曲线高度。企业一是能够先行感知到自己在社交网络中获得的收益大小（图1–3–3中最高的一根曲线即达到了185万的高度），树立对社交网络的信心；二也能通过这些活动和投放，来完成试错的过程；三是在这种试错的过程中，虽然每次单独拉起的曲线又会貌似回到起点状态，但每次起到效果的时间在不断拉长，用户在不断建立习惯，直到有一天越过一个高度之后，再也不肯跌下来，开始了自己的上升期之旅。

合作伙伴希望尽快渡过适应期的需求，实际上为微博/微信营销的第三方公司的存在提供了肥沃的土壤，这也是第一拨成功掘金的合作伙伴源源地进入，处于适应期机会点中的第三方公司都能持续获益。

·在这条曲线中，我们至少看到了两个大的时间点：一是刚刚进入社交网络时的“起点”；二是进入上升期的引爆点。

从这条曲线和水平线近乎重叠的状态看，该合作伙伴的起点并不为高，大约只有数千或数万左右。这符合大多数合作伙伴的情况，即刚进入社交网络时，每天能够获得用户数和流量就是以百、千来计算。初期主动分享的用户数量多少及企业覆盖的用户基数大小，背后分享欲望所拉动的人群会决定起点的高度。这正是我们在第一章中探讨到的分享力。同时也会受到用户好奇，以及分享信息文案优劣的影响。随着时间的推移，用户逐渐熟悉了分享及分享带来的激励，人数和次数不断增加，加之长尾效应的不断叠加，推动着曲线逐渐走高，逼近引爆点。

·一旦越过引爆点，曲线又迅速变得陡直。在图3-5-3中，我们至少见到在2013年11月4日前后、2014年1月7日前后有两个醒目的引爆点。

如前所述，越是现有成熟的网站和应用，越容易先行走高。充分利用自己现有的用户（大节点）和渠道，能够提升在起点的高度、缩短在适应期徘徊的时间，尽快进入上升期。甚至，许多土豪级合作伙伴直接无视所谓的适应期，直接昂扬向上（如前言中图0-1-1）。

社交网络还提供了另一种可能，即“**起点即引爆点**”，这个福利更多是由无线APP的创业者所引发的，曲线在后台中迅速向上画出直接到达最高点。这些APP一经发布，更像是一个现象被引爆，如本书中经常提到的几个应用之名：疯狂猜图、啪啪、唱吧、微视、魔漫相机、找你妹、打飞机，等等。

推测引爆点的几个角度

对于任何一家合作伙伴来说，引爆点的到来预示着从社交网络获得的价值更大。但对于不同的合作伙伴来说：一是引爆点究竟何时到来，很难预测；二是越过引爆点之后能够达到的高度，也无法预测。许多合作伙伴在越过自己的引爆点之后，所站的数据高度并不一致，数万至数千万都同时存在。往往在越过一个引爆点后，合作伙伴会在新的阶段再度累积一段时间，积聚向上的能量，因此，曲线中能够看到多个引爆点的存在。

结合图3-5-3曲线看，该合作伙伴在适应了4个月，到达10万分享量级时越过了第一个引爆点，又在两个月后跨越了第二个引爆点。当我们回看第一章第三节中类似的曲线（如图1-3-3所示）时，会发现后者虽然一直用活动刺激着曲线，真正的引爆点依然直到6个月后才到来，远比图3-5-3要晚很多。

社交网络的红利受制于合作伙伴与用户之间信任关系的建立和积累时间、吸引的首批用户数，以及其关系链、信息内容的稀缺性与娱乐性、引发的互动范围大小，甚至与合作伙伴切入社交网络的角度与深入程度，乃至产品本身特性、击中用户哪些朴素的情感等各个方面。因此，我们能够从已经越过引爆点的案例曲线中倒推其中的原因，并以此作为类似网站、应用的参照系，推测自己临近引爆点的可能时间。

不同分享量级下的回流典型曲线

在今天，腾讯微博、QQ空间、微信的“分享”按钮已部署在数百万个网站、移动应用之上。一些第三方合作伙伴，如Jiathis、Bshare，以及百度、友盟、ShareSDK等推出了相应服务，将大部分社交网络的分享按钮组合在一起，协助创业者将内容分享到不同社交网络中去。我们从这些基础的行为数据中，能看到一些典型的曲线和特点。

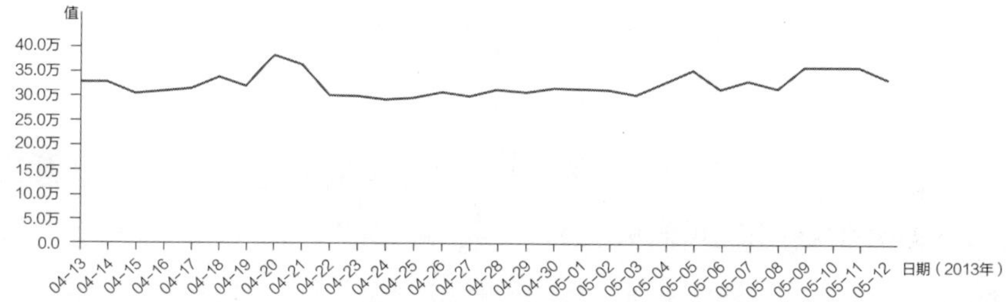

图3-5-4

图3-5-4是当产品或网站每天分享用户数量为10万人/次时，所呈现出的回流曲线图，用户每天分享及访问回流数据基本处于一个稳定的区间。如果再拉长到一年，则能看出是一个自然向上增长的趋势。

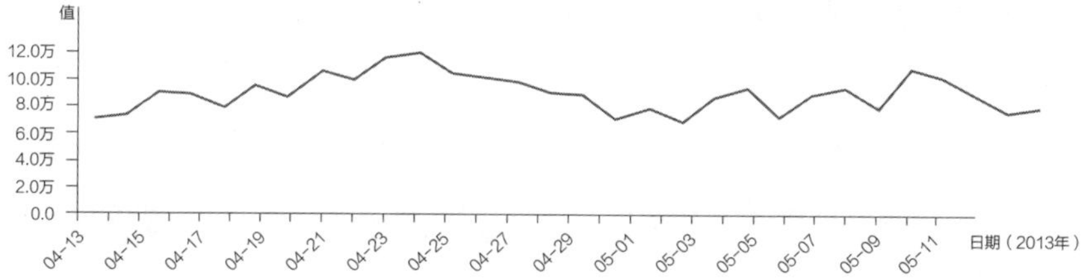

图3-5-5

图3-5-5是当产品或网站每天分享用户数量为2万人/次时，所呈现出的回流曲线图。相比更大的分享人群，波动要大一些。

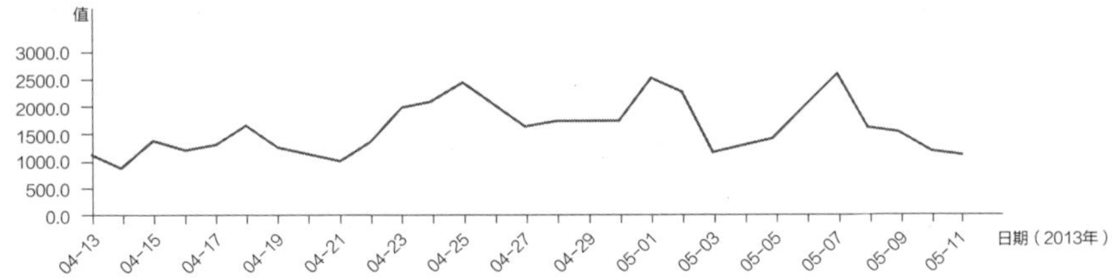

图3-5-6

图3-5-6是当产品或网站每天分享用户数量不到1万人/次时，所呈现出的回流曲线图。回流访问的用户数大起大落。这时，越是小型网站或应用，与是否有运营活动、分享用户中有无大号、是否贴切当天热点程度等等越紧密相关。

观察这些不同的数据也印证了以前的一个结论，即大帐号在企业及创业团队进入社交网络早期时会起到一定拉动作用。当普通用户被真正发动起来之后，细微分享会迅速结出庞大的收益，并且持续稳定。大号们拉起的尖峰作用被完全消弭在了用户分享及因此产生的回流数据中。从这个角度看，大号营销更多集中在两个方面：一是企业或应用进入社交网络早期；二是某些时间段特别需要用户关注，如运营活动、宣传推广期间等。相比之下，在用户间建立一套持续、稳定、有效的分享体系或文化，则是长期受益的事情。同时仍将伴随着长期的信息优化过程（详见第二章“信息的重量”的讨论）。

06

让每个细微动作都产生收益

仅仅是分享这样一个细微的动作，就迅速呈现出了改变网站和应用流量、用户、下载来源的巨大力量，诸多网站和应用所采用的分享按钮、帐号登录和绑定，相当于在合作伙伴和社交网络之间建立起了无数连接起来的小管道。

有鉴于此，谋求建立更多这样的细微管道，推动更多的信息被用户主动积极地分享到不同社交网络中去，就成为了应有之义。业界迅速将目光投放在了用户在网站和应用中所产生的诸多其他必需的动作上，将它们和分享结合了起来。我们在内部将这一做法称为“动作Feeds化”，简单说，就是把大量产生在网站的评论、赞、顶、喜欢、收藏、上传、阅读等主流动作变成“评论并分享”“赞并分享”“顶并分享”“喜欢并分享”“上传并分享”“阅读并分享”。所产生的效果也往往出人意料。

图3-6-1

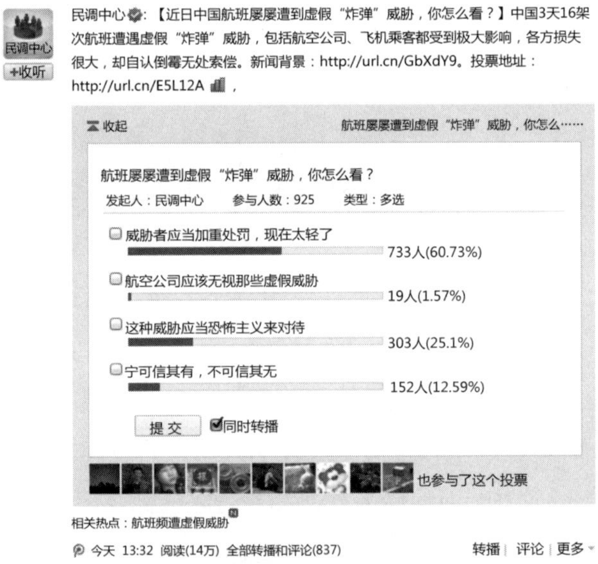

图3-6-2

图3-6-1和图3-6-2是典型的鼓励用户将“评论”“投票”的动作与

分享结合的范例。在业界中，优酷是较早展开类似做法的先行者之一。2012年春节前后首席运营官魏明在与腾讯微博展开数次会议讨论后，就迅速启动了将动作与分享结合的工作，并在今天成为了网页分享的常态（如图3–6–3所示）。当时这一调整完成后，优酷每天从微博获得的播放量也增长了1倍左右。

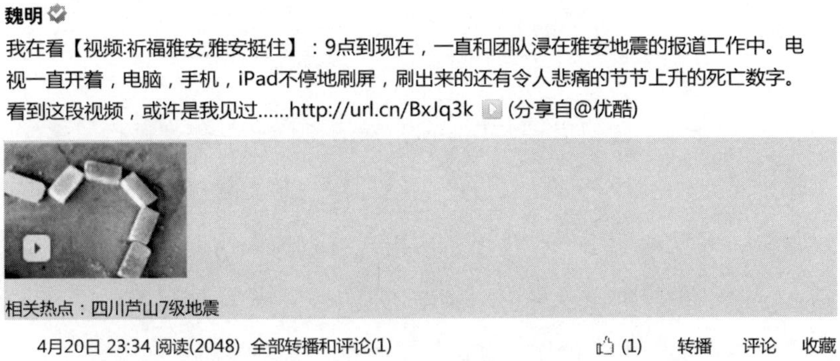

图3–6–3

论坛评论同步试点

从另一个推动“评论并分享”（评论同步）的案例，也可见到更直接的数据变化。2012年年底，腾讯微博和Discuz！（康盛公司，目前国内社区领域最大的服务和系统提供商，已被腾讯收购）展开了面向普通论坛的试点，主要考察论坛的评论同步到微博后，为论坛带来的页面访问与用户数据变化。Discuz！为此遴选了5家地方和垂直论坛参与。

表3–6–1是5家试点论坛为期一周的分享量及回流量。在试点第一周，数据显示出了强劲的增长势头，新增回流访问的用户与流量比展开试点前提升了约25倍。

表3-6-1

网站名称	帖子分享量	用户点击访问次数	回流百分比
试点论坛A	38,759	93,676	241.69%
试点论坛B	16,229	36,834	226.96%
试点论坛C	9,679	23,774	245.62%
试点论坛D	32,295	80,367	248.85%
试点论坛E	6,915	15,397	222.66%
5家论坛合计	103,877	250,048	240.72%

试点展开前，腾讯微博与Discuz！双方部门产品经理进行了多次沟通（每个试点的展开，都是双方产品经理在一起反复探讨、分析、修改的过程），发现论坛用户和腾讯微博用户有着惊人的重合率。用户虽然散布在全国各地，但不论是用户属性还是用户习惯都很相近，每天分享的信息集中在关于生活中如衣食住行、电影音乐、旅游见闻等方面。

因此，试点的意义一方面在于测算评论同步到微博时，给合作伙伴所带来的新增用户和点击回流数据会有多大变化，也为后续继续推动其他动作和分享结合打好基础；另一方面也鼓励将微博中基于原链接产生的转发评论同步回原发网站，利于用户数据汇聚回合作伙伴原始的帖子下。

确定合作意向后，技术人员很快进行新功能开发、上线及试点。试点网站只需要升级、添加一个评论同步的组件，在站点上鼓励引导用户发帖或评论后，同步到腾讯微博。合作伙伴需要做的非常简单。

从产品沟通到规划再到开发上线，用时一周左右。2012年8月初，试点论坛陆续开通此功能，之后分享量、回流量等数据直线上升。用户大多选择了乐于分享和评论同步。一周时间内，5家论坛总共贡献了10

万的信息量，并带回了25万访问回流（如图3-6-4所示）。

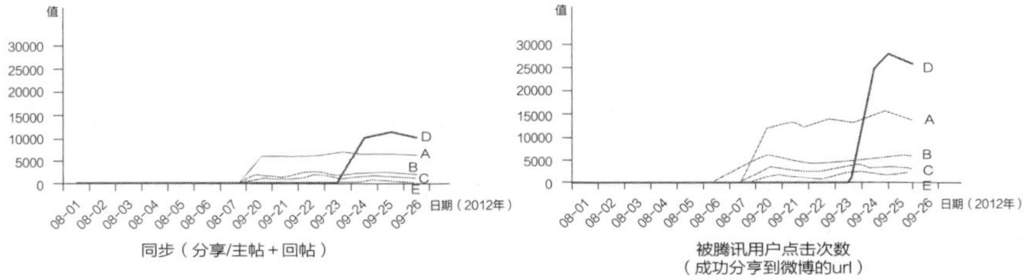

图3-6-4

通过上述数据，产品经理们看到：

· **一键分享与回帖评论同步是对论坛社交功能的补充**。在功能划分中，论坛是一对多的延时通讯工具，以兴趣区分人群，内容丰富。微博是一对多的即时通讯工具，依靠人与人之间互相关注/收听，信息得以在用户之间流动开来，与微博的深度绑定能够将论坛的声音传递得更远。

· **论坛用户具有强烈的分享意愿**。试点开始一周内，5家论坛超过10万用户新增使用回帖评论同步功能，显示出用户在论坛发帖的目的在于引起更多讨论与共鸣，因此更乐意分享到微博。回帖同步开通前后，分享与回流数据也成倍增长。前后对比十分悬殊。我们在本书前后内容中也有提及，如嘚瑟、炫耀因素，支撑了一些弱关系网络（陌陌、友加）的用户将信息分享出来。

· **不同特性的平台间融合互补带来更大价值**。社交网络为论坛带来强大的回流，试点中腾讯微博为论坛带去了25万独立IP回流访问，回流率平均在250%左右。这也显示出，不同类型平台间的融合能够产生令人惊喜的流动红利。

以试点论坛A为例，我们特意选取了开通“回帖同步”功能之前（8月19日）这个时间点，此时用户每天分享量为150人/次左右，回流流量为600次左右。开通功能之后（8月20日），分享量和回流量分别激增了45倍和25倍，超过6000条分享量与1.4万次点击访问。开通一个月后，数据保持较大的稳定性（如图3-6-5所示）。

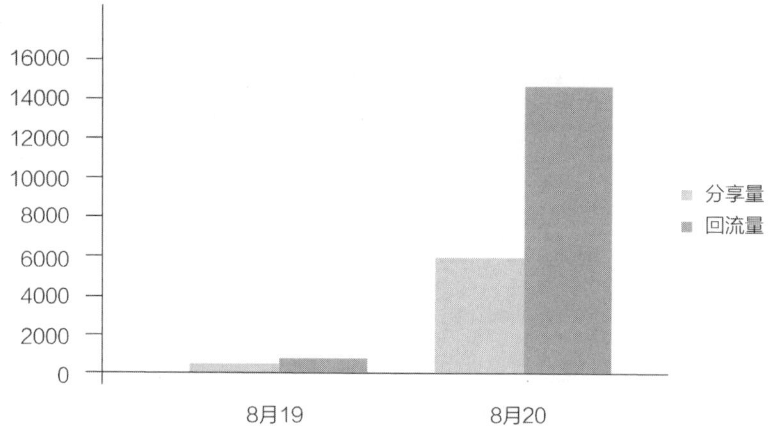

图3-6-5

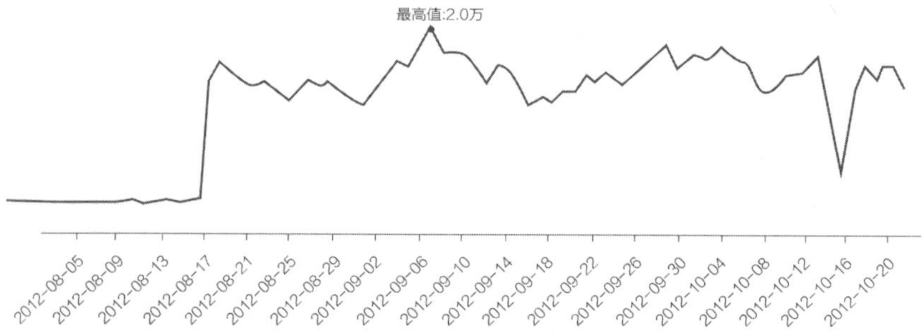

图3-6-6

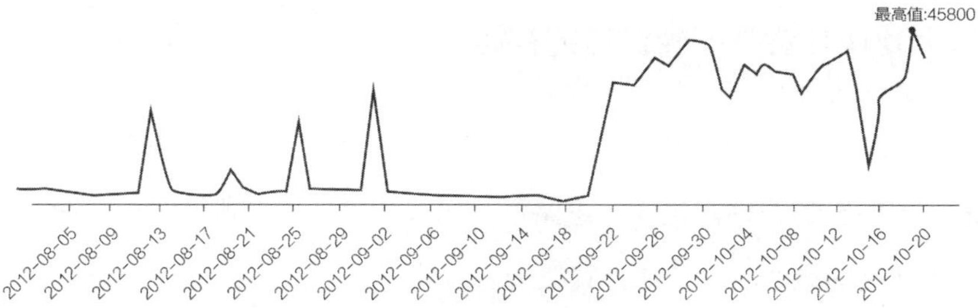

图3-6-7

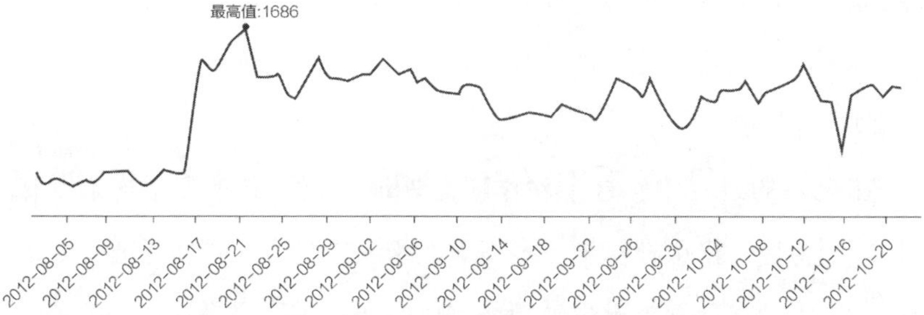

图3-6-8

图3-6-6、图3-6-7、图3-6-8为其他几家论坛试点前后从腾讯微博获得回流访问用的曲线，其上升倍数类似于图3-6-5。试点验证了腾讯微博对“动作Feeds化”的判断，即合作伙伴将评论同步、赞、顶、喜欢、收藏、发帖同步等量最大的基础动作转化为类似分享的信息，同样会产生巨大的回流价值。目前试点仅于评论同步小试，即已充分展示了回流访问的魅力。随着时间延续，获得访问点击数据仍会继续提升。腾讯微博如此，其他同行也是如此。

每个动作都会是一轮循环的开始

“动作Feeds化”的初衷，在于将**每个动作都变成用户再创造、再扩散、再消费的开始**。这样的思路不只局限于将它们变成一条信息分享进某一社交网络，也在于结合其他技巧与效应。

以本书第一版销售为例，在面市之前采取了在众筹网上筹集资金的方式，两周内完成了10万预售书款的募集。此后，卖书案例成为媒体报道众筹这一新商业模式的标杆。但在展开这一合作之前，并未想到后续种种结果，只是希望将《社交红利》这本书已经完成这个动作，变成一个扩散的开始。

在众筹的过程中，这个动作还意外地完成了其他几个连串动作：一是市场验证。出版社对于一本新书的未来市场表现得总是心存疑虑，因此，出版社在众筹结果超越预期完成时，看到了对潜在市场的信心，将之称为“信心确认”，并在确认之余，预估出了市场中实际销量的反应；二是信息传递。当一个项目在陌生人群中被认可，并提前付费埋单的情况下，也会引起自发扩散，信息流动在参与用户的关系链中。这和刚刚提及的媒体报道扩散不同，附着用户强有力的信任和推荐，拉动了上市后的真实市场表现，不仅跻身各大销售榜单，而且在2013年年底获得了多个媒介颁发的年度图书奖项。

在业界，营销和推广多聚焦在新品发布这一个重大的环节上。目前，微博营销、社会化营销等第三方服务机构所接获的付费合作案例，也以新品发布、重大事件为起点。实际上，除了这个环节，前后一系列动作、每个节点均可成为扩散的开始。在无线互联网中早已经明确一点：升级或新版本发布已经成为了企业和用户之间重要的接触点，每个新版的发布都是新一次和用户的联络与触达。带给传统商业的参考是：商品交付不再是和用户合作关系的终结，而是开始。同样，社交网络带来了新的参考，即每个环节、每个动作，都可以成为新的传播和触达的开始（在这时，如何结合自助激励是最为常见的思考），这会和产品快速迭代一样，成为新的互联网基因被业界所吸收。

动作也能成为分享力

这时，如果再回顾下那句话：**“检验产品成功与否的一个重要标准是，用户愿不愿意谈论自己。”**这不仅可以作为用户源泉（红利的来源），也可以作为检验自己产品的试金石，也就是分享力本身。

目前看起来，最大的分享力部分来自于企业提供的超预期产品，部分也会来自于超预期的接触点：不管是客服、与用户的互动，还是发布新品（营销活动），都能激起用户分享、谈论的欲望。

例如，很长一段时间内，京东幽默风趣的客服风格，在社交网络中一直小有口碑，引发很多用户津津乐道。趣玩网官方帐号曾经发布一条微博信息，也能看出商品在送达到用户手上这个动作，激发起的用户分享欲望（如图3–6–9所示）。

图3-6-9

甚至，**动作还可以成为产品的一部分。**在和用户“一起玩”的大趋势下，品牌已经很难承载、满足用户的这些诉求，他会希望进入到产品的设计、规划中来，努力让自己的意见建议成为产品中的某一部分。这种情感的纽带，贯穿在产品、运营、市场各个环节。

事实上，我们此刻可以此作为观察点来思考：小米的分享力从何而来？它的持续稳定有效的分享体系是如何构建的？从外界报道中，我们也能知道答案：不管是早期将发烧友、极客们通过论坛聚拢到一起讨论，还是此后要求每周快速迭代、塑造的米粉文化，都是持续地将用户参与到产品的塑造这一核心动作中来，这是“分享力”散发之处，至于其在QQ空间所打造的红米案例，后文将会提及的微信和微博活动技巧等，都更多看作是扩散、将潜在用户转化为黏着用户。从某一程度上说，用户将情感投入进来，共同参与打造了他们满意的产品。

第四章

流动的魅力

每一次评论和转发都构成一个个细微却又重要的激励，促使信息在不同人群、不同产品乃至线上线下充沛流动，不断放大着人们所能收获的红利。如果社交红利有多个组成部分的话，互动是其中最重要的一块。

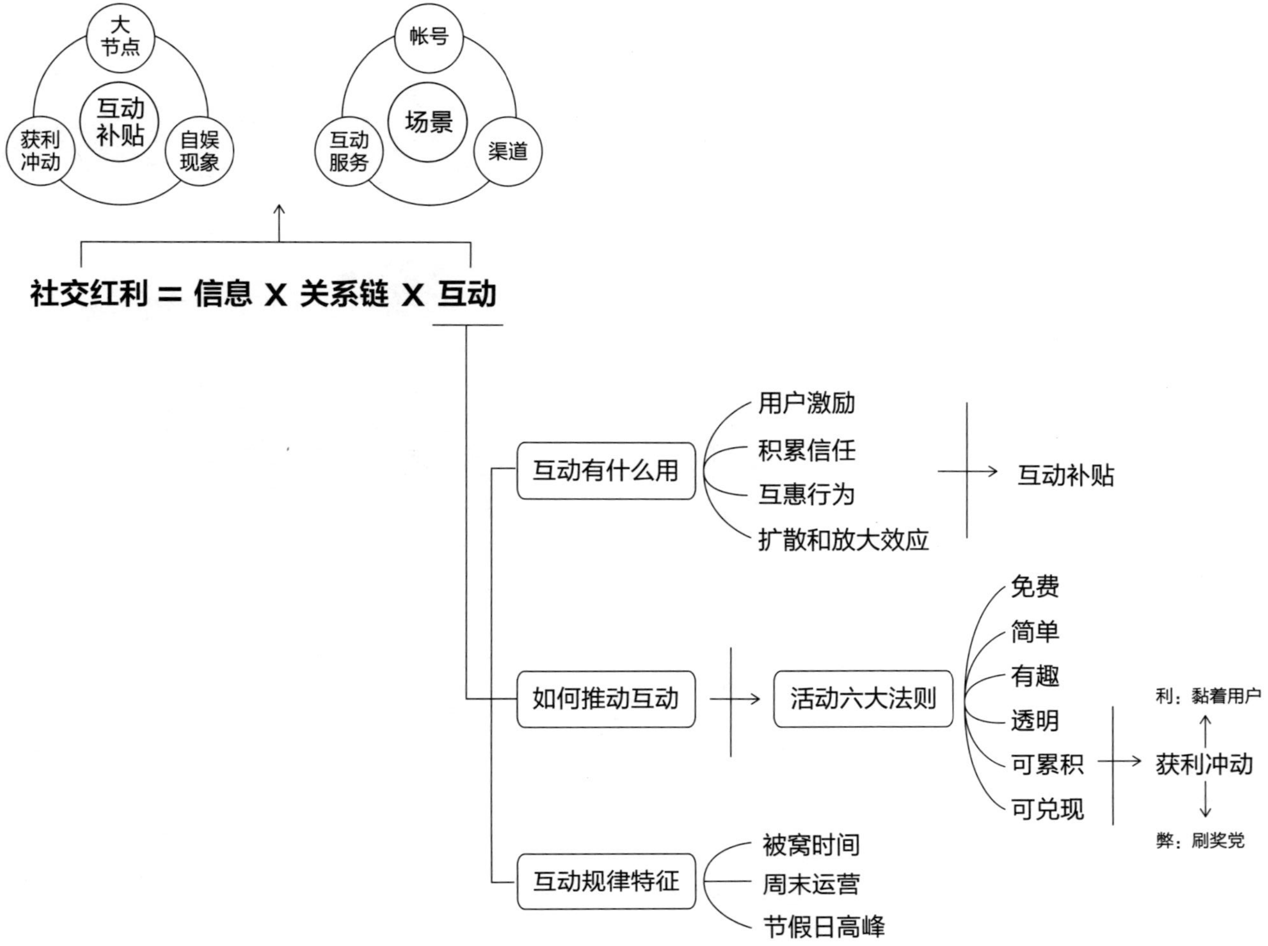
大节点
获利冲动
自娱现象
互动补贴
帐号
互动服务
渠道
场景
社交红利 = 信息 X 关系链 X 互动
互动有什么用
用户激励
积累信任
互惠行为
扩散和放大效应
互动补贴
如何推动互动
活动六大法则
免费
简单
有趣
透明
可累积
可兑现
获利冲动
利：黏着用户
弊：刷奖党
互动规律特征
被窝时间
周末运营
节假日高峰

通过互动所看到的社交网络，会呈现另外可爱的一面。有如深夜中人们互为失眠的好友无聊点“赞”，引出了“被窝娱乐”这样一个待满足的创业切入点。在本是娱乐的微博、微信中，人们需要更合适的产品与服务来满足。

在点赞的行为中，我们也足证互动是一种自发的激励，即一位好友对另一位好友内容创造的肯定，鼓励着人们更加勤奋地创造和分享下去。同时，这种转发互动，又变成了一个放大器，将原本平淡无奇的小事，在无数转发和评论中被推演成了全民热点。一方面，我们说互动造成了信息大范围流动；另一方面，我们又看到了流动是分享力和扩散力的双重结果。互动不仅是其中的具体呈现之一，也会反推分享力与扩散力的再度增强。

在互动引发的放大作用下，社交网络开始为许多明星应用提供着海量的社交补贴，默默地支持着他们快速壮大。

01
互动激励

杭州19楼网站曾经发生过一个故事，是关于论坛中的“巨量帖”现象的。对于巨量帖，论坛的运营人员都不陌生。

一位漂亮的外地女孩在“19楼”上发帖，询问说，自己向往杭州，想辞职来这儿找工作是不是合适？这当然引起本地人欢迎声一片，他们都说杭州的优美环境和创业氛围，值得前来打拼和生活。很快，女孩跟进说真的辞职来到杭州，只是钱不多，想问问租哪里的房子合适，接着就在大家的帮助下找到了适宜的好房子，很感谢网友。

几天后，女孩继续在帖子中说发现与房东不和，犹豫要不要搬走。这时，她还没有交租金，帖子中问大家：“是不是可以逃租？”就在她出去找新房子时，杭州暴雨如注，女孩慌忙发帖说，糟了！原来出去时房间的天窗没关，大雨浇灌将屋内地板全淹了。房东拦住回来搬东西逃租的她不让走，要求赔偿。穷得叮当响的刚来杭州找工作的女孩该怎么办?

这个故事一路讲述下来，每个环节都是亮点，也具备了话题性和冲突性。将心比心，一个外地女孩来到一个陌生的地方求职、生活，碰到一些问题本身就值得帮助。加上与房东之间的关系是一个覆盖面很广的社会性话题，能够引起同为打工者和年轻人的共鸣，逃租与否也牵扯了道德上的争论。因此不断激发着大批网友的热情，他们纷纷跟帖出主意。管理员也几次全站置顶，人气爆高一时。

这个故事如果仅仅如此，其实也没什么，只是一个好玩的帖子而已。你猜结局会是什么？出乎了所有人的意料：雨停风收，房内水退去排干，地板没事！此后，帖子下面几千人站内私信问：“什么牌子的地板？”

你猜到了吗？这是一个策划非常牛、隐蔽很深的广告帖！

越互动，越信任

在这个故事中，我们首先会留意到管理员多次全站置顶推荐。BBS时代和博客时代已经是UGC的主流，但在内容传播上，管理员和编辑推荐占据了重要一环，置顶推荐往往意味着某一帖子或博客关注度会大幅高于其他内容。

其实，策划团队充分利用了信息中所蕴含的热点因素，引发了大范围互动，因为互动带来的参与感、围观的快感是给好友和其他参与用户一个最好的激励。在社交网络中，**互动（转发/评论）是一种积极的双向激励。不仅是对发布信息的用户，也包括参与的人群。**

将“互动激励”纳入到“大节点”人群及其所创造的优质内容这一语境下去看，会发现这一现象更为明显。在移动合作伙伴中，大部分应用日活跃多以10%为一道基准线，越过这一比例则即为优秀，依据产品与内容的质量不同，当和UGC内容创造相关时，单日创造内容用户比例会占全部激活用户的1%～2%左右，这个比例我们在书中也多次提及。

为便于计算，我们以一款1000万激活下载的社交化应用为例，每天创造内容的用户比例最高大约在20万（以2%日活比例），这些内容要满足最高170万用户的消费（以17%日活比例），转发/评论/赞/分享等这些动作造成的覆盖面，以及对创造者的激励就显得十分重要。这时，数字不仅仅是一人创造满足8.5人的内容消费诉求，而是能够看到：1条UGC原创，平均能收获1次应用内评论+分享、1次应用内转发、5次赞、0.015次分享到社交网络，最后形成平均50次或500次不等的浏览（包括社交网络吸引而来）。这些浏览数据、赞、评论与转发次数，在一起激励着为数稀少的、珍贵的原创内容继续涌现。

每一个互动都会带来非常重要的认同感，并因此建立起信任，如此前讨论的“信息中泛滥的爱心与侠义心”。当浏览其他用户发出的信息时，人们总是忍不住将自己代入进去，将自己的所见所闻与感受投射在信息之上，将心比心，从自己的角度赞同或者否认。

认同感尤其在陌生人群中发挥着非常重要的作用，有着同样经历或者兴趣的人会聚集在一起，在相互分享各自经历、倾诉心情的同时，获得共鸣。在微博中，许多用户就曾记录过一个有意思的话题：百度中的“三体吧”之前是北京市第三体校的贴吧，后来科幻迷大量涌入。“三体”学生哭着离开之后，科幻迷们还凶残地占领了黑暗森林吧——本来是个中学生倾吐青春期烦恼的私吧。在百度，这样小众的贴吧大量存在，有些贴吧名甚至可能闻所未闻，但认同感、共鸣将他们聚拢在了一起。

激发共鸣、寻找共同感的做法，也被许多微博用户采用，用“请举手”搜索一下发现，包含这样内容的微博比比皆是，互动转发数据也优于其他。

互惠现象

在社交网络中，这种认同感在提升陌生人群互动次数之余，将协助建立起新的信任。人们更愿意相信与自己有着相同经历的人，认为他们的建议会是很好的借鉴（其实现实生活中也是如此）。在这种情况下，人们往往愿意给予积极的回馈。19楼巨量帖中，这一因素也被充分地运用。

因此，在微博早期我们看到，当用户发现另一位陌生用户转发了自己的微博时，也会转发对方的，或者当某人收听/关注了自己时，会有很大意愿采取同样的措施（互相加为好友的行为，也是互动的一种），比例甚至占到他们新增收听/关注数量的10%。到微信上，类似动作变成了互相点赞、陌生人添加好友打招呼等。这可以理解为一种互惠行为，**在草根用户越多的人群、越陌生的氛围中，互惠行为就越明显。**

由于互惠，社交网络中用户会自然衍生出许多独特文化。仍以贴吧为例，许多热门贴吧经常出现“秒沉”：因为同一时间发布的帖子太多了，新帖一发布就只能出现在数页以后，无法展现在最新的页面中，致使用户会产生一种很大的挫败感。在这种情况下，贴吧运营人员留意到一个新现象出现了：许多用户自发地尽可能为每个新帖进行评论，将它翻回到最新页面来。如果是精彩好帖，会在这个过程中被继续放大直至热门。这个现象被称为“挽尊”，大意是尊重每个人、每个好帖。

互惠也为弱关系结网提供了有力支撑。如在微博中，许多草根用户发起了“互听”（腾讯微博），或者“互粉”（新浪微博），为自己寻求更多新好友——没有好友的微博是不好玩的。类似行为进一步扩展，比如在微博中，大家会发现自己的头像被一些陌生帐号点赞了，在微信上则是被打招呼要求加好友。（其中一个共同特点是女性头像——当然，这并非是真的女性用户，背后还是草根帐号运营团队。前面我们已经提到，这类行为拉动的大号价值极弱。）

互动是最好的经营

许多草根用户通过这种行为，在微博中建立起了自己的新圈子。只是，这样的圈子如果不加经营，也最容易丢弃。

2012年，腾讯微博与Zynga公司展开试点，在“星佳城市”游戏中增加了邀请微博好友来参与的环节，一些虚拟建筑的落成可以选择获得好友协助，或者付费。一时间，微博上许多游戏用户在这款游戏相关话题和微群下寻求加为好友、互相帮助来推动游戏进度。

但我们留意到，在游戏之外，这些新结成的好友关系链在微博上很少互动、评论和转发微博。一旦用户离开游戏后，这部分好友也是最早被剔除的部分。不管在此前还是加为好友后，**互动的缺乏导致双方关系无法沉淀下来。**

一些曾被推荐的企业微博官方帐号也会苦恼于自己的粉丝/听众减少的现象。每日粉丝/听众新增榜单上，排名前列几乎全为平台推荐结果。但此后获得用户转发、评论的数字却不高。这个现象到了微信上同样如此，微信草根公众大号的打开阅读数据持续下降到忽略不计，一些企业的公众帐号甚至每天互动数据极为稀少。只是由于微信帐号的私密性，而使这些困境暂不为外人知晓。

数字背后是用户对服务和内容的肯定程度，但帐号一般不与用户展开互动——而基本上，大部分企业官方帐号都很少与用户展开互动，不管是什么形式，最终效果都会打折扣。正是因为缺少这样一个信任建立的过程，或者说，听众与帐号之间一直存在着割裂、陌生感，所以，平台一直建议官方帐号定位在客服、互动上。

一些企业从中看到了自己在社交网络中的出发点。在河南郑州，一家名为“风信子”的美容机构，鼓励对美容有兴趣的网友添加自己员工的微信，从而实现和客户一对一互动，解答对方关心的各种问题，分享专业知识。为此，这家公司几乎人人都成为了客服人员，并在一段时间后带来了良好的客户转化，一度占到新客户总数的30%左右。

这和微信推荐的招商银行案例有些类似。用户可以通过“招商银行信用卡中心”微信公众帐号，将信用卡和个人信息一对一绑定，方便查看账单、积分、额度、设置还款等。每次刷卡消费后，用户会实时收到微信信息推送。按照计划，招行还将增加语音和地理位置两项服务，用户对招行微信帐号说一段语音会被自动翻译成文本，以提供相应服务，也可以发送地理位置获得附近的特惠商户信息推送。做这些的一切目的都是在于提供一对一快速服务。

互动成为区分社交平台的有效指标

往往，互动是先发生在熟人和好友之间，然后才是内容帐号、名人明星、官方帐号、陌生人之间。人们的行为和时间在短期内部分迁移往微信，也正是因为好友间互动带来的实时激励，多显示在微信产品上。这直接加速了微信与微博之间的产品划分。

互动本身在印证着另一个“简单”的规律，即用户进行空转或点击“赞”“顶”“喜欢”这样按钮的数量，远远大于书写文字的评论和转发。而只浏览阅读，又远远大于点击“赞”“顶”按钮。于平台而言，在网络媒体中，浏览和评论比例在1000：1左右，即平均1000人浏览了新闻会有1人发表评论；博客中遵循的数字会在500：1左右；在微博中，则有超过200人浏览了信息可能就有1次转发或是评论。但如果内容不精彩，没有引起其他用户的共鸣，这个数字会直接降到更低的比例。在这样的背景下，推出轻量的互动玩法，也是平台主要考虑的一个方向。

这意味着哪怕**互动带来了极为可观的流动性与放大性，但互动本身仍是珍贵且稀少的。**能否激发起更大的互动，是社交网络本身，也是合作伙伴都在致力的方向。不同的平台为此在寻找着属于自己的激励指标，如早先的博客，PV是最核心的数据。在微博平台上，转发成为最重要的数据；到了微信上，“赞”的比例更为充沛。其他的垂直平台，则将“喜欢”“送花”等动作提炼出来，从最适宜的角度给用户带来愉悦和肯定，鼓励再度创造下去。

互动补贴

BBS中的“巨量帖”，对于热点事件的营造、流量与互动的提升显而易见。基于同样的原因，微博也对热点事件与明星人物颇为依赖。在微博中，围绕名人明星和大V的互动比例，占到整体平台互动量的30%左右（比例甚至可能更大），当一个热门的公众事件发生时引发的互动也会占去相当大的比例。在海外，电视剧《美少女的谎言》开播时，一度创造了Twitter 52%的活跃度。国内热门综艺节目，如《我是歌手》、《爸爸去哪儿》开播时，也都引起了类似的互动和发布高峰。

这是社交网络中的互动补贴现象。**从小处看，普通用户间好玩、有用的信息会将好友的目光从其他平庸乏味的信息中吸引过来。大的新闻热点事件发生时，发生在更大人群间、更为海量的互动激励，会被用来补贴少数名人与新闻当事人。**

从互动补贴中，我们能看到好坏两种截然不同的表现。坏的是：如果全平台只有一个大的热点，那么短期内看虽然非凡，在热点事件所造成的庞大的浏览和转发数据面前，普通用户有时会深感压力，认为自己无力企及，也无力创造出类似的吸引目光的优质内容，从而放弃创造和互动，或者被吸引在热点事件中而忽略了创造/互动。这会直接带来原创内容总数、发布人数和人均互动次数齐齐下降的局面。继而，当热点结束时，平台会迎来大幅的用户数据下跌。

我们在每次单一重大新闻事件发生前后，都能看到类似数据，即新闻事件期间，数据迅速跳高，但结束后，数据快速下跌，甚至低于平时低谷期，从而需要更长的时间来回复正常曲线。因此，即使是BBS时代，“巨量帖”这样的内容就已经引起了运营者的关注。

自娱现象有时会消弭掉这种挫败感，由于流动在朋友间的自娱创造会因人不同，也将大热点碎裂成了无数不同的小热点，导致互动激励均匀地回馈在了不同的人群间。最终的获益是包括了事件或应用本身，每个用户的参与协助将大平台的用户和流量补贴过来，也很好地维系住了平台自身活跃。这是观察自娱现象的角度之一。

不仅是一个产品，互动补贴也发生在不同产品中，如当一个热门事件发生后，部分用户会等着关系链将这件事情传导到自己面前，喜欢尝鲜的人群则会先一步前往源发产品，因此，导致一款产品对另一款产品进行补贴。这时，方便用户使用的帐号登录功能，分享信息中的附带的产品链接，成为最好的用户回流管道。这是好的一面。

以此出发，观察许多崛起的产品，比如唱吧、啪啪、微视，我们总能发现，这些应用率先汇聚了名人明星或优质用户群，每天创造出大量独特、优质的内容，并将之分享到各大社交网络（QQ空间、微信、腾讯微博、新浪微博等），引发大量关注之余，成功地将更海量的用户带回应用本身。社交网络源源不断地扮演了提供海量补贴的一方。从某种程度上来说，互动补贴就是社交补贴。

当应用每天能够激发起无数新话题时，所获得的补贴会推动这款产品的速度快于同行。这给新创业应用评估自身在社交网络中的受欢迎程度，提供了一个很好的切入点。

02 互动与放大效应

互动推动信息流动。此前所述，信息一旦被创造出来，就会自然拥有生命力（扩散力）。这种生命力正是因为信息中蕴含着发布者和看到信息的好友的情绪、情感，并继而带动人们愿意转发和评论的欲望，借着这些互动行为，信息传递到更多用户人群面前。

和分享一样，细微互动如果累积起来能产生惊人的效果。人们用“收听”“添加好友”这样的动作为自己构建了一个网上世界，也因此阻隔了好友之外的信息出现在自己面前。而**互动的行为突破了这一个个无形的界限，让有价值的信息能够由点到面。就像是一个放大器，放大着用户分享信息到社交网络后所产生的结果。**

互动次数被许多企业所关注，一些官方帐号发布内容或策划活动的信息推出后，往往会关注被多少人进行了转发和评论。有时为了推动这种流动，官方帐号也会邀请许多大号、业内朋友来协助转发扩散。如果能够充分调动普通用户的互动次数，所带来的效果会更为可观。

在和唱吧的一次合作中，数据就显示出互动次数变化所带来的回流访问的数据变化（见表4-2-1）。

表4-2-1

日期	分享信息量	互动次数	互动百分比	网页被点击次数	回流百分比
2012/9/9	112, 764	6, 195	5. 49%	771, 307	684. 00%
2012/9/8	115, 026	4, 720	4. 10%	726, 217	631. 35%
2012/9/7	104, 159	4, 738	4. 55%	659, 548	633. 21%
2012/9/6	98, 429	4, 401	4. 47%	664, 887	675. 50%
2012/9/5	105, 160	5, 459	5. 19%	683, 710	650. 16%
2012/9/4	110, 024	6, 586	5. 99%	681, 766	619. 65%
2012/9/3	103, 077	7, 375	7. 15%	639, 076	620. 00%

表4-2-1为唱吧在一周内鼓励用户分享到腾讯微博的信息数及产生用户点击回流的数据（网页被点击次数）统计。该数据显示，互动增加极大地拉升了回流访问数据，在此之前，互动数据只有1%～2%。

这次合作，是唱吧举办的一次线上分享大赛，用户K歌后可以将自己的歌曲分享到腾讯微博。腾讯微博所依附的真实关系链（核心是以QQ关系链为基础发展上来的）有着较强的生活属性，现实生活中，人们和三五好友在一起时，要不聊生活八卦，要不吃饭K歌，这些是用户行为的核心组成部分，当迁移到网上时也是一样。实际上，大型社交网络在崛起后，生活属性将变成其中绝大多数内容的基础。

唱吧没有自己的登录体系，全部采用第三方帐号登录，QQ互联公开数据显示，唱吧新增用户半数以上来自QQ登录，这方便用户将数据分享到腾讯旗下各家社交网络。通过好友关系API，还可以在唱吧上直接查找用户腾讯微博上的好友，增强了黏性。在这样的认识及基础结合下，双方策划了这次线上虚拟大赛。

2012年7月底，双方达成合作意向开始推动合作。8月初，唱吧就已顺利上线发布产品。值得一提的是，并不是所有试点案例都会成功，但在成功的案例与试点中，迅捷的反应速度与执行力是最基础的保障。这一点不仅在唱吧此次活动中可见一斑，在其他案例中也都有体现。

产品发布后，后台中分享数据开始上升，回流访问数据曲线也呈现出同步上升趋势。活动期间，每天产生的用户回流访问数据在77万左右。

产品和运营的主要方向

合作开展后，双方根据数据不断沟通和优化。数据反馈出几个基础问题，成为后续产品和运营的主要方向：

- **基础组件与API的运用**。包括：帐号登录、分享数量。数量的累积在关系链中并不会过时，相反还会产生巨大的长尾价值。针对于此，唱吧推出了利益激励，而且准备了包括iPhone、iPad、Q币等在内的大批奖品，并在活动期间，释放Banner广告、全平台Push信息，尽力触及全量用户。腾讯微博也配合使用了多个超级官方大号协助转发。

分享的增加，产品同样可有大作为。唱吧中有大量的评论、送鲜花等动作，产品团队也将这些动作和分享结合，带来了可观的增量。

- **增加互动和产品改进**。唱吧分享数据在早期互动比例偏低，只有

1%～2%。相比其他成熟应用分享信息的互动次数少了很多。初步看，和微博用户还没有熟悉这种K歌玩法存在一定关系。因此，在运营策略上，双方可以选择等待用户逐渐熟悉，也可以加速推动。

唱吧在K歌比赛规则中设定，歌曲被聆听最多的将会获得大奖（一部iPhone），间接推动了用户为自己拉票，参赛用户的热情被“获利冲动”激发出来。活动期间，许多认证歌手、网络红人都纷纷在微博上呼吁自己的听众转发，以拉动信息流动，吸引更多人来点击播放，他们在微博中一般拥有着不小的粉丝人群。这也是我们所说的“大节点”，实际上，许多产品一直拥有着自己的“大节点”，无须外求。

同时进行的还有关于分享信息的不断优化，这是一个需要不断细调的过程，不同描述风格的信息所带来的互动与回流显著不同。如前所述，K歌是大众娱乐，多为三五好友知己相约，因此，当用户分享完自己K的一首歌曲时，可以调用关系链，用评论的方式通知自己的双向收听好友（强关系链）进行互动。需要留意的是，公开方式@邀请，会在转发中对自己的好友带来信息骚扰，反而会降低用户互动次数，因此评论成为一个更优的选择。当这些调整完成后，唱吧活动中互动比例提升到最高7%。

· **形成闭环**。分享的海量、互动的不足，其实指向另一个显而易见的问题，即用户到达唱吧聆听好友唱的歌曲时，从微博这种环境中跳脱了出去，无法再回到微博场景进行互动或点评，闭环的缺失导致大量潜在互动流失在用户各种跳转中。在第二章第二节“信息的四种作用”一开始，我们看到，当用户的浏览和转发、评论可以在一起完成时，转发数量就迅速提升。

数据上佐证了这个观点，即互动拉升到7%，分享每天稳定在10万～11万时，回流也稳定在了每天70万用户量级。除去后续的长尾叠加带来的继续增长外，如果希望有效地大幅度拉升，就需要寄望于闭环的形成。在和唱吧所做探讨时也有讨论到后续调整步骤，核心方向即在双方产品间形成具体的闭环体验，提升互动。

闭环的另一个解决方案是富信息化。即在微博看到来自合作伙伴的分享信息时，可以直接在信息中体验相关服务，信息中还蕴含了更多的数据类型，如方便用户直接下载等。这一点在另一家合作伙伴啪啪的试点中进行了相关测试（在“信息的进化”章节中重点分享了这个案例），数据也验证了巨大的可行性。

其他试点

调用评论接口来提升互动数量的做法，类似小试点也有其他应用展开，显示出同样的效果。例如，用户在漫画君应用中创造一幅四格漫画故事，由于本身具有较高难度，用户在分享之余也愿意向自己的朋友们进行炫耀。只是在应用推出初期，分享到微博后引发的互动数据很低，这直接拉低了信息扩散和用户回流访问的数据。此后，开发者徐凯在信息分享上进行调整，利用评论自己分享的微博信息的方式，@部分双向好友。这款应用直接采取微博帐号登录，好友关系链可以直接拉取，双向好友指互相收听，可以判断为强关系。这一属性用户，一是在@时会有自己的分寸把握是不是需要@；二是对于好友信息，强关系最容易产生自娱创造、玩笑点评等，造成信息的再次扩散流动。因此，当这个调整实现后，当天互动次数即提升超过3倍，回流数据持续上升。

需要特别指出，这一方式的前提仍是用户来自己判断@哪些好友，用评论的方式来降低对于分享信息中的提及帐号带来的骚扰。这和部分企业在评论中海量@陌生用户的做法截然不同，@陌生用户的行为会带来被@的用户很大困扰，也是平台采取种种方式屏蔽、清理的主要行为。一种行为，对于关系和由此发生互动的理解不同，导致后续结果截然不同。

观察一些网站使用社交网络分享按钮，还能看到对于自身优质用户的调动。如36氪网站在处理分享这个细节体验上非常用心，在信息上会添加话题、@自己官方帐号（如图4–2–1所示）。由于此前已经鼓励用户实现了微博帐号绑定，在分享信息中也会将回答者的帐号@上。这在激励内容贡献者之余，也会带来互动数据上的差异。

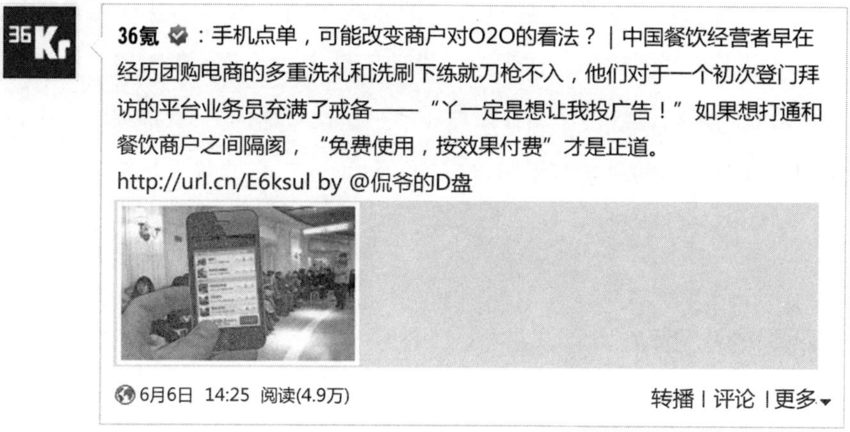

图4–2–1

03

获利冲动：活动运营的六大法则

唱吧在活动中采取了“有奖”的方式拉动了分享、互动等基础数据，取得了很好的效果。作为企业推动信息流动扩散、吸引用户注意力最常采取的策略，各种活动在微博、QQ空间、微信上一直都被琳琅满目地展开，有奖活动总是被采纳最多的一种形式。它的效果非常显著，同样，弊端也极其明显。

趣玩网的小活动

企业总是希望用低廉成本实现更好的效果，活动思维提供了非常好的解决方案。趣玩网CEO周品曾分享过一个活动策划案例：在创办早期，为了获得更多注册用户，趣玩网策划了一个用户注册有奖的活动，只要是网站新注册的用户填入自己的地址、邮编及其他联系方式，就可获得抽奖机会。趣玩网本身是做创意家居用品的网站，小礼品准备得非常有创意，许多用户一开始抱着试试看的态度参与，没想到真能收到小礼品，一下子激发了用户参与的热情。

但并不是抽奖一次就算结束，周品的规则是：如果用户注册后又邀请了新的好友进来，才能获得抽奖机会，最多累计三次。前面被激发热情的用户开始充当扩散者，链式反应在持续进行。

一般而言，网站获得注册用户成本非常高，想要用户再填入真实的邮箱、地址、手机等联系方式更是难上加难，周品用小小的“抽奖”就解决了这个大难题。同时，精心准备的创意小礼品也获得了第一批体验用户。活动展开后，趣玩网新用户获取成本由每位平均20元，直接下拉到0.5元，这是许多企业和团队所奢求的效果。

小米手机活动运营的经验

小米在微博和微信上更是经常举办各类活动的大玩家。曾策划推动了一次“手机编年史”活动，邀请用户利用一款小应用，制作并展示自己曾经用过的手机组图。应用推出后，吸引了大量用户参与。一段时间内，用户制作的属于自己的手机编年史，出现在了各大微博上。

活动承载的是用户对过去经历的怀念，就像是一个人群的集体回忆，通过这个活动实现了主流手机人群对小米品牌的关注和记忆。迄今，还能看到这类信息在不断被发在微博、QQ空间等社交网络中。

微信崛起后，小米也将日常用户运营的重心做了调整，许多活动顺势在微信公众帐号上展开。简单统计活动运营次数，能看出小米平均每月展开一次有奖活动，比如：

> 2013年5月8日，小米手机在腾讯微博上发出一条信息：【小米手机微信特权专场关注送30台小米盒子】微信搜索“小米手机”并关注，回复“小米手机就是快”领取特权码，获得30台小米盒子抽奖机会。凭特权码参加5月9日10点小米网微信专场，无须预约，直接购买小米手机2a/2s和小米盒子。今明两天，转发微博@好友，每天送出4台小米盒子（附活动链接地址）。

每次活动，都会像上述文案一样结合抽奖信息。在几次公开报道数据中，可见活动每次能吸引到约20万用户参与。通过这些活动，小米将微博上的用户在微信上又再度聚拢起来。进入一个新平台后，已有资源的组合总是被优先进行。在其总量80万的微信粉丝中，超过12%来自微博听众的转化。

唱吧、趣玩、小米的活动，在充分利用用户好玩与好奇心理之余，都有十分明显的利益驱动。不管是趣玩的创意小礼品、唱吧的手机大奖，还是小米手机和盒子，都是目前比较受欢迎的奖品。在社交网络中，利己和利他是推动信息流动的主要力量之一，吸引着用户参与到某些活动中来。

获利冲动

我们将用户因利益驱动引发的热情，形容为获利冲动。实际上，本书在前述内容中已经多次提及获利冲动这个现象，只是没有详加展开。在社交网络的活动运营中，获利冲动是一个特别值得观察的现象。**很多用户在面对一个利益诱惑时，会自然迸发出参与热情。不管是给自己带来利益，还是能够帮助到**

朋友（帮助到他人又融合了爱心这一朴素的情感）。

如果说，朴素的情感推动着信息的大规模扩散和流动，获利冲动则是企业用来拉动陌生关系、潜在用户与企业展开互动的最为频繁的工具之一。在第一章第一节公开的不同年龄层的用户喜好，其共同特点就包含有获利需求（如对抽奖活动的参与和关注上）。人们在浪费时间，满足轻娱乐诉求之余，也希望带来利益。

确实，只要企业展开的活动中附带有抽奖、赠送等内容，不仅参与用户数明显大增，获得新用户的成本也会直线下降（如趣玩的案例）。但掠过这些数字表面及短暂的热闹背后，还有一些让人担忧的现象和数据。如在微博中，获利冲动首先催生出“刷奖党”人群。

许多企业在微博上展开运营活动时，经常采取“转播微博并@几名好友”就有机会获得抽奖机会的规则。为了配合这些需求，几大微博都推出了活动平台，方便企业发起类似的活动，也方便用户参与。只是，部分用户开始为这些抽奖活动注册了大批新帐号，每次搜索发现有转发抽奖新活动时就蜂拥而上。

这时，如果打开这些活动链接，查看一下参与活动用户的转发信息，会发现千篇一律的话语，帐号本身在直接复制并转发这些信息（甚至可能是机器行为）。由于专为奖品而来的帐号并没有真实关系链，为了完成要求提及的“@多少好友”的诉求，就会随机@其他用户，进而带来了新的骚扰。

从某一程度上说，“刷奖党”反而降低了企业品牌的用户体验。真实用户、真实互动与信息、影响用户真实好友，是活动运营最主要的目标。“刷奖党”本质上不具备这些特点，他们不会对品牌带来任何帮助（除了显得很热闹外）。

当企业的重心开始倾斜向微信时，这种做法同样被带了过去，也带过去了类似的困扰。2014年春节后，彩虹公交在微信上利用微信群和公众帐号展开了一个小活动，凡是分享了某一篇文章的用户，都可以加入彩虹公交微信群领取红包。活动吸引了1000多位用户加入微信群，实现了对目标文章800多次分享，彩虹公交为此投入了运营费用1000元人民币。

表面上看起来，平均1元获得了1位新用户，效果很不错。但很快，运营人员就发现，这些加入的用户在领完红包一段时间后，陆续退群而去。由于入群需要运营人员分别通过审核并拉入到不同群中，为此将这些用户一一加为好友。这些活动而来的用户每天分享的大量其他有奖转发活动很快占满了该运营人员的朋友圈，显然，这是微信上的“刷奖党”。还有大量要求该员工点赞、分享的诉求涌过来，当不被满足时，又被这些用户删除掉——花费的时间与费用最终没有为企业带来效果。

甚至，真实的用户也奔着抽奖而来，如果不能很好地转化，活动效果同样会聊胜于无，换句话说，**许多企业希望利用用户的获利冲动来获得新用户，却无法实现留存和转化。**这显然需要借助活动设计和规则来进行，也需要认真思考一下获利冲动在运营中所处的位置。显然，放在“拉新”上并不合适。（在接下来的第六节中，将会讨论到这个方面。）

在唱吧活动中，我们不应忽略一点：活动展开前他已经越过了社交网络的适应期，每天已有大量用户将在唱吧中产生的优质歌曲分享到腾讯微博中来。这时，有奖活动只是被用来激活沉默的不分享用户，完成更大的信息扩散和用户转化，同时也提升了在腾讯微博中的互动数据。

对于获利冲动、获利需求的观察与运用仍然不能仅仅停留在活动、运营层面。在产品上，对于这一因素的运用，也带来了很大启发。以开放平台中部分小应用为例，即时激励、即时反馈早已经是基础所在，这一部分被分享及由分享所带来的互动激励满足了，部分开发者开始尝试将互动激励替换成了获利需求，每当分享成功就会有一个物质奖励或兑换奖励，后台数据显示，他们对用户的黏着和吸引转化的效果要远远大很多。这留出了几方面的思考：一是如何在均衡获利冲动下，解决无意义帐号和无意义信息对真实用户的骚扰；二是获利冲动在产品和运营中可以被放置在什么位置；三是尚没有大型产品利用这一特质崛起，但可能会很快出现。

优秀活动的六个关键法则

现在，我们要将获利冲动、自娱现象、简单等本书中提及的要素组合在一起，尝试构建起一些可资使用的组合。如企业可以如何运用好获利冲动，又有效地回避其中的麻烦？既然活动运营是在“适应期”中试探社交网络中的有力武器，一定有许多已被明确的路径可以参考。观察这些社交平台上的活动运营特点，周品曾总结提炼的六个关键法则浮现了出来：

- **免费**。免费既包括不收取任何费用，又包括不提出其他额外的要求和条件。参与活动的门槛越低，覆盖的人群就越大，从中能够发现与获得的目标用户就越多。上述两个活动，都没有对用户参与提出其他额外条件。

• **简单**。京东此前曾策划过一次微博转发活动，只需要用户转发，无需@谁也无需评论，就可以参与到店庆低价购买smart汽车的活动中来，吸引了40万用户参与。在轻量原则下，活动的规则也需要尽可能设置得简单，越多越复杂的规则，用户越不耐烦。如观察微博活动会发现，虽然有些企业设定了很详细的规则，但参与用户往往不看，而是自行理解，最后导致了结果的纷乱。

简单也是对企业活动策划的基本要求，规则设置过多，会令用户分心，往往活动效果并不尽如人意。以常见的要求用户转发某一微博并@多个用户这一规则为例，它就释放了多层要求，既要求转发，又要求@多个帐号，复杂化的规则让用户反而迷茫，即使这个规则只是小小地增加了一点点。

在一些运营活动中，部分企业也会设置开放式问题，简单法则同样适用。如用户在面对“上大学时谁送你去的”与“分享你大学里最令人兴奋的故事吧”这两个活动时，更多人对于前者已经有了答案，而后者，用户可能还在回忆自己的大学时光。互动参与的简单性，会令用户看到后尽快有一个答案，并令信息尽快地在用户中流动开来。

• **有趣**。在社交网络中，自娱是一个最为典型的现象，各种玩法本来就像游戏一样，在不断推陈出新。有趣能够吸引更多用户参与，也能够激发用户新的自娱创造，从而推动活动信息扩散。

• **透明**。活动中设置的奖励用户如何获得？如何确定是否获得了奖励？谁最终凭借什么条件获得了奖励？整个流程公开透明，可查可证，不仅是和参与用户最好的沟通，也会极大降低后续的无谓投诉。

• **可累积**。利益的累积能够充分调动用户参与的积极性，就像周品在新用户邀请注册活动中的规则设定一样，每位参与用户都会变成自己的扩散人员。不过，这一规则也是在一定限制条件之下，比如“最高三次”的界限。

· **可兑现**。获利兑现就像互动激励一样，要细微并及时地下发，即只要用户达到了兑奖条件，就可以获得奖品。如果还能小小地超越一下用户的预期就更加不错。

六大法则并非诞生在社交网络上，而是从传统互联网、论坛中继承而来，只是同样适用于微博、微信、QQ空间。其中，免费、简单很好地降低了用户参与的门槛，有趣充分激发了自娱现象，透明、可累积、可兑现则很好地利用了获利冲动，并用这些规则对非目标人群做出了屏蔽。

在活动这个范畴中，不同特点的平台会加入一些新的元素。比如，微信就为活动的运营提供了新的可能，即和地域的结合。

优酷如何做的

2013年4月23日，优酷网邀请热播美剧《吸血鬼日记》（*The Vampire Diaries*）男主角之一伊恩·萨默海尔德（剧中扮演达蒙·塞尔瓦托）在广州举行了一场粉丝见面会。《吸血鬼日记》是许多追剧达人的心头爱，国内多家视频网站也多次邀请这些主演来国内与粉丝互动。这次活动，优酷准备了100张门票，专门向广州区域用户下发了“我在广州，我要见Damon”的活动信息。

参与规则非常简单：用户在接到微信下发信息后直接回复，官方帐号会根据时间先后予以确认，用户只需要凭借确认信息就可入场。“热门影视＋利益＋定向地域推送”，门票在数分钟内被一抢而空。从后台数据查看，回复信息的数百名用户中，全都来自广州或广州附近的城市。

半个月后，优酷院线（优酷的线上付费电影频道，每部电影一般收费5元左右）开始排期播映电影《痞子戏子厨子》。三位影帝的云集令电影在用户中有一定关注度，优酷为此准备了站内所有优质广告位资源进行推荐，但前三天时间内，数据没有带来惊喜。

对于付费用户的拓展和转化一直为优酷关注，涉及营收增长是一个大的战略目标，颇费心思。如果这么优质的广告位推荐都数据平平，有没有一些其他思路来拉升？《吸血鬼日记》在广州的活动案例给工作人员带来启发，是不是可以结合付费电影上线再尝试做一次活动？当这部电影开始在网站上线三天后，优酷在微信上向用户推送了一条信息（如图4-3-1所示）：

图4-3-1

信息发出的时间为当天下午4点，10分钟内，优酷微信官方帐号收到500多条回复，预先准备的100张观影券派发一空。很快，优酷工作人员留意到了一个新的数据变化：在当天剩下的几个小时里，整个院线付费用户较前一天增长50%。

在这些不同平台的活动案例中，我们能留意到其中的细微差异：微博的开放与流动性决定着“有趣”法则及背后所产生的自娱现象会占据越来越大的比重；微信则因为身份的真实与强交互特点，获利法则会起到更直接的作用。这样的效果在其他案例中也能看到。

百度分享的经验

运营活动对于用户留存、转化起到的作用是显而易见的。2012年11月，百度分享按钮开展了一次“分享感恩节”有奖一键分享活动，漂亮地指向了如何通过活动转化，留存更多用户。

活动于当月22日至12月1日间展开，用户在参与活动的38家网站页面上分享网页到各大社交网络（包括QQ空间、腾讯微博、新浪微博、人人网等），就有机会获得iPad、手机、充值卡等奖品。上线当天，参与活动的登录用户达到3.2万人，比活动前增长1.8倍，带动百度分享总量同步上升（还有数十万家网站没有参与活动，但数据显示来自他们的分享量也在增加），一直稳定持续到周日（如图4-3-2所示）。

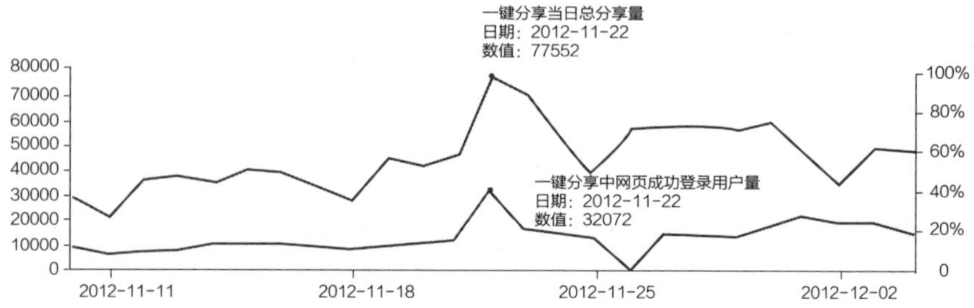

图4-3-2

值得关注的是活动后留存、转化用户。数据显示，用户数量仍然比活动前增长16%，继续登录帐号的用户则增长了97%（见表4-3-1），习惯被很好地保留了下来。

表4-3-1

	活动前	活动后	活动后较活动前增长	百分比
日平均登录用户量	9, 106	1, 7915	8, 809	97%
日平均分享量	38, 018	4, 4023	6, 005	16%

在业界，用户分享到社交网络的习惯已经建立，活动的目的正是吸引、鼓励用户将自己的社交网络帐号和百度帐号进行绑定，便于今后更简单地分享信息。因此，**利益成为了黏着、培养用户习惯很好的推力**。再往前看，唱吧的K歌分享活动中也是一样的道理，闭环一旦完成后，用户就很容易黏着。尤其是面向大众，需要将两个平台帐号进行有效关联，不真实的“刷奖党”自然无法参与，直接被屏蔽在外。获利被很好地运用到提升用户转化和黏着等关键行为上。

微信上的新动向

获利冲动指向令许多用户都有获利的可能，因此能够激发用户参与。在微信上，这种玩法也有一些变种，即规则只令某一个参与者受益，而激起单人传播的欲望。一度有“集齐多少个赞，就可以换某种礼品”的活动，或者“我是××，请大家帮我上中欧”的活动流传，都是利用受益人个人关系链。类似玩法在此前Facebook上有先例：美国汉堡王在Facebook上推出应用，只要用户删除10个好友就可免费获得一个汉堡，一周内，共有8.3万人次参与了应用并删除好友。该应用还会通知被删者：你成为了一个汉堡的牺牲品。

很难有一个明晰的角度可以说明这类活动是否合适。但其中一个可能的思考是：面向大众的运营活动，往往会有自娱现象跟随，用户可以乐在其中（当然，部分用户也会选择视而不见）。而推动个人的活动则要警惕是否会给好友们带来强骚扰，从而导致信任驱除（被拉黑，或者视而不见）的现象发生。

微信上进行活动运营的另一个问题是：企业只能在现有粉丝人群中挖掘需求，无法很好地享受到活动信息扩散带来的更大收益。一旦过于频繁，反而会引起对用户的骚扰，从而导致用户取消关注。频次的考虑成为一个必选项，观察小米，能够看到他们活动间隔是一个月一次。此外，不同平台间的组合是一个可行且必然的方向，这将部分解决获利冲动所带来的困扰。

04

周末运营与被窝娱乐

活动运营六大法则之外，透露出值得留意的时间要素。刚才参考的几个案例中，时间都在其中悄然发生着重要作用。

回到优酷的例子中去，运营部门有意选择在下午4点发送信息，尽管结果只有500人参与瓜分了100张优惠券，但信息的发送时间是在晚上看视频高峰之前，其余没来得及抢到票的用户，在晚上自己付费进行了点播。因此，在当天剩余时间中付费的用户相比前一天提升了50%。如果选在上午9点发出信息，大批上班的用户无暇顾及，效果可能只局限在获得优惠券的少数用户中。

优酷案例也在侧面印证了一点：应更重视二、三线城市用户，他们更加侧重生活类信息。以时间为例，“北上广”的用户下班后多半还有一个小时在回家的路上，漫长的回程与路上碎片娱乐冲击，早就冲淡了他们对于付费电影的记忆和需求，哪怕《痞子戏子厨子》是大牌云集。

而二、三线城市用户有下班回家时间短的优势，反而利于企业转化。

百度分享活动的数据曲线也体现了这一要素。活动开展当天（22日）为周四，用户活跃与分享数据就直接攀升到117万（没有参加活动的其他网站，也受到百度影响，分享数据跟着上扬），此后一路走高并持续到周末。等到周一（26日）时，用户活跃与分享数据迅速下滑到105万。这个曲线和腾讯微博单周用户分享数据曲线特征保持着一致，周一是许多网站用户低点，周末则往往是分享和点击访问回流的最高峰，用户有更多的时间来浏览和娱乐。活动在周末前推出，助推了周末数据更高。

观察社交数据，不同类型的服务与应用在数据上会呈现出不同的高峰段。例如：周末时，轻松娱乐类应用用户在分享和回流访问上表现更为活跃；新闻资讯类网站用户则是活跃在周三前后。南京开发者张自创分享的微信用户购买数据显示，用户在微信上购买商品的高峰期在周四，占全部购买行为的27.78%，其次是周五（18.69%）。

用户活跃时间的变化

用户活跃时间节点的利用，最早体现在用户每天活跃时间的观察上。在微博上，定时发微博的应用（如皮皮精灵、微博小保姆）能迅速获得数百万授权用户。他们正是从协助用户提前预订好微博发送的时间这一小需求入手，满足用户大号和企业帐号希望信息被更多人浏览的需求，他们关注的是微博在每天24小时中的活跃曲线。

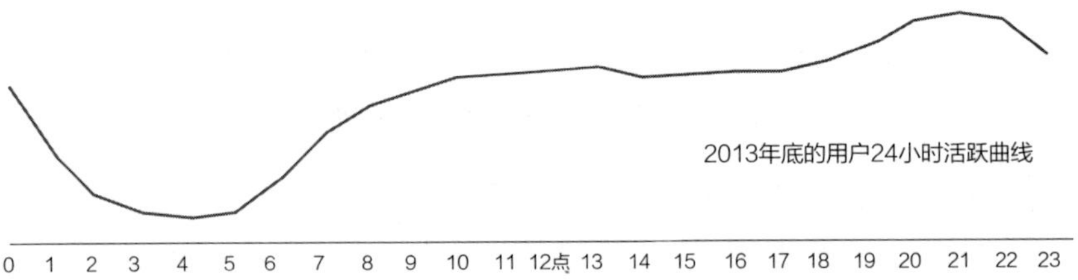

图4-4-1

图4-4-1为友盟2013年度社交化数据报告中用户24小时活跃时段分布曲线。曲线中，晚间10点成为活跃最高峰，远超其他任何时段。2011年，用户尚表现出早9点与晚10点几乎同为双高峰（如图4-4-2所示），2012年，才渐渐被夜间高峰超越。这说明，用户在睡前查看一些轻松有趣的东西越来越成为主流。

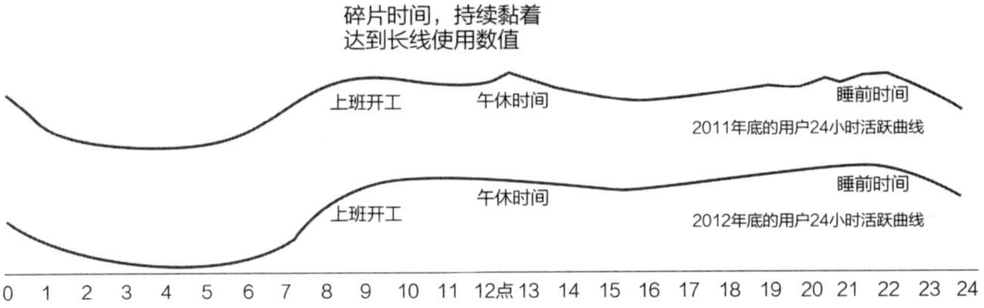

图4-4-2

被窝娱乐

对于这一趋势，有开发者将之称为“被窝时间”或“被窝娱乐”。社交网络上，用户对越来越轻松的内容、活动的需求在不断增加，大家更愿意开心入睡。如果综合此前探讨的“刷微博、发微信朋友圈本身就是轻娱乐”，以及自娱现象的盛行，我们不难看出，根植于社交网络之上的，对于内容创造、应用的创新玩法、活动运营的大爆发，还远远没有到来。甚至在应用/服务提供这个环节尚在期待、推动更多优秀的创业团队诞生。

被窝娱乐与此前提及的马桶游戏都源自创业者对于人们碎片状态的关注，在这些碎片中，用户大量需求得以诞生。如果要说两者之间的差异，被窝娱乐更注重与朋友们一起在线联络分享、互动。有时，理解这个碎片需求的最佳现象，是深夜的“无良点赞”：当你被饿醒或干脆睡不着而发出一条信息时，同样如此的好友会出现在点赞名单中，一轮互相打趣的互动就此开始。马桶游戏则略倾斜于单独游戏并晒出成就感。从某种程度上说，马桶游戏并不是出自社交网络，而是受到了移动浪潮将人们时间绞碎的影响，只是与社交网络更好地融合在一起。

在今天，不管微博还是微信，都将用户的时间汇聚在一起，如被窝娱乐这样的碎片化创业机会与运营优化点，仍会大量出现。如前述提到的适应期，及下面将要讨论的“周末运营效应”。

周末运营效应

类似的还有大型节假日所带来的用户关注效应。图4-4-3是一款应用在腾讯微博开放平台上的用户分享数据，横轴为时间，纵轴是用户点击访问的次数。其中每个点击访问的尖峰都是周日，每到周五时数据开始走高，周日达到最高峰，到周一则开始下跌。周而复始，显示出非常强的规律性。

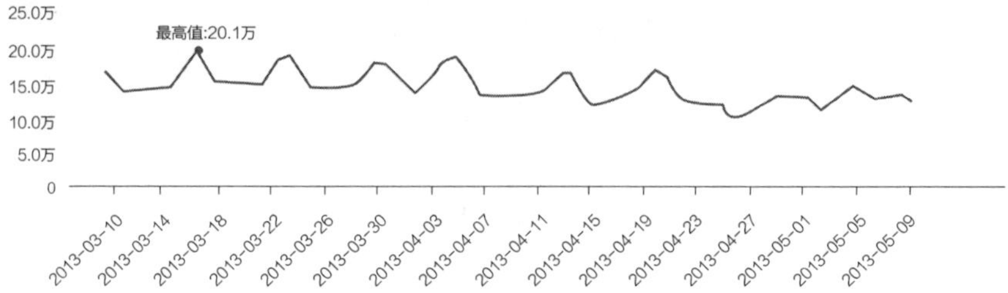

图4-4-3

ShareSDK在后台中也看到了同样的规律。将任意一周（2014年3月3日-3月9日）的分享量、回流量、授权用户量三个曲线绘制出来时，显示出社交用户在周末更为活跃（如图4-4-4所示）。ShareSDK的数据中，包含有腾讯微博、微信、QQ空间，也包含了新浪数据。不管综合所有大平台数据，还是只看一家，规律都极度趋同。

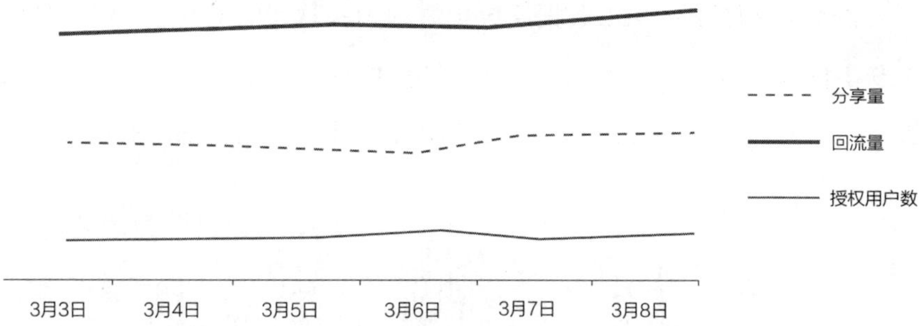

图4-4-4

当然，周末运营效应是对这些不同活跃时间节点的一个笼统概括，不同领域需要找到属于自己的社交用户活跃高峰期。有的是以热门事件呈现，有的则以一些特定的节假日作为呈现。

例如，新闻网站曲线会受到突发新闻事件的影响，但如果撇除这个因素，每周的阅读高峰会出现在以周三为中心的几天内（有时会偏移在周二或周四）。大部分应用和日常网络都有自己平常使用的数据分析系统，从这些系统中也能看到这样的曲线。

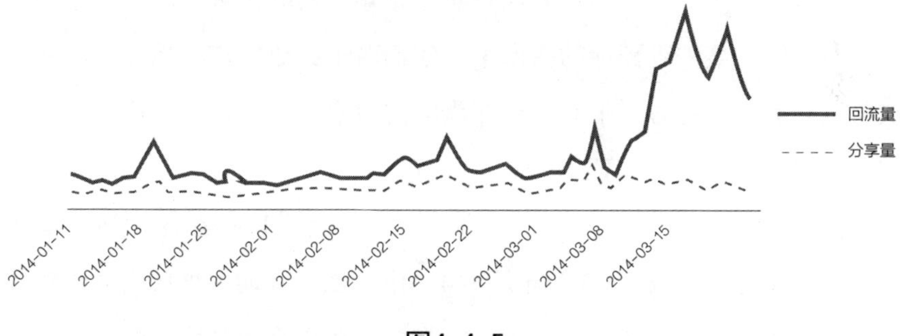

图4-4-5

图4-4-5是ShareSDK数据系统中看到的一款新闻APP在2014年马航失联事件前后分享和回流曲线对比。图中可见，分享数据几乎持平的情况下，回流访问数据增长了7倍，显示出热点事件运营对数据的影响。

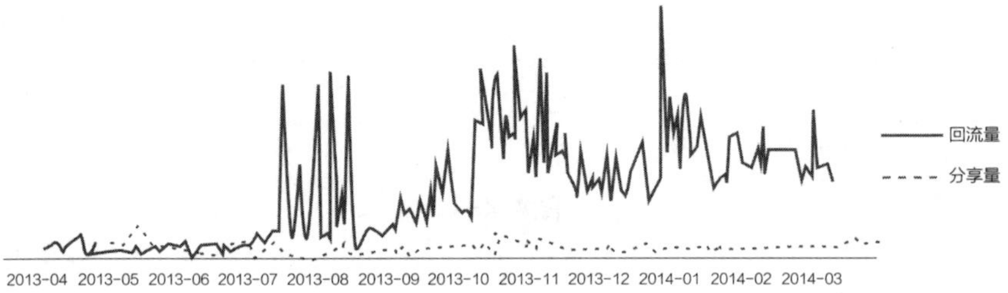

图4-4-6

图4-4-6是一款旅游类APP在ShareSDK数据系统中画出的分享和回流曲线，其中可见明显的暑期、十月、双十一、元旦、春节等时间段对于应用回流的影响。而在这些时间段中，用户的分享起伏并不明显。类似曲线，在2012年与2013年与面包旅行、蚂蜂窝等旅游类合作伙伴沟通时，腾讯微博后台也看到了几乎一模一样的曲线走势。

不管是周末高峰、节假日高峰、还是热点高峰，都反应出一个用户的状态，**即在某种可预期的需求下，他们对于身边好友的相关信息会更加留意并参考。**这时，平时不被注重的内容变得更加稀缺、珍贵。每个被分享的信息和用户，都会变成“大节点”。

这对运营的切入与优化，提供了诸多机会窗口。在这种运营安排下，我们才看到了从图4-4-3至图4-4-6中，在高峰期中被放大数十倍的用户回流访问，或者下载转化等效应。即使在高峰期过后，数据下跌，也能看到在上节中百度活动数据中类似的效果（见表4-3-1）新增的活跃用户等关键数据，仍然比活动前要提升16%。

依据自己行业的不同规律，企业和创业团队可以制订出对应的运营计划：

·第一步是需要找出属于自己的分享和回流曲线。每个行业都因为自己的特点而存在不同的规律曲线。特别需要说明的是，这根曲线无须从社交网络中寻找，甚至可以直接参照自己数据后台中的周活跃、年活跃曲线规律。

·第二步是在高峰到来前，不断优化分享体验，构建完善的分享体系。在之前的章节，几乎都在叙述这个部分。

·第三步才是在高峰节点到来之前，考虑展开运营活动。大的节假日期间，往往是一些APP开发商展开活动的高峰期。如在第五章第二节“进击的小应用”中，我们还特别举出了缘来网的一次利用时间高峰节点的活动。光棍节前数天，缘来网开发并上线了一个应用“单身闯关活动”，这款应用在光棍节前后3天时间内，从腾讯微博获得了近5万名注册用户，活动期间更有近150万用户参与互动。

本书的体会

对于这些时间节点的关注，本书的传播也小有体会。《社交红利》展开销售后的第二个月（2013年10月7日），我在本书的微信公众帐号（微信号：shejiaohongli）中分享了一篇文章《两周卖掉10万：磨铁是如何利用社交模式卖书的》，其中详细分析了本书和众筹网合作的相关细节与思考（如图4-4-7所示）。分享出这篇文章时是在深夜23:40，当时公众帐号只有737位订阅用户。但就在这个许多用户都将休息的时间里，依然有904人分享转发（包括微信朋友圈、好友、腾讯微博），并产生了12251次阅读。这和IT行业中人多半休息较晚，留有深夜阅读的习惯有关，也和那个时间段中已经没有人再发布内容有很大关系。

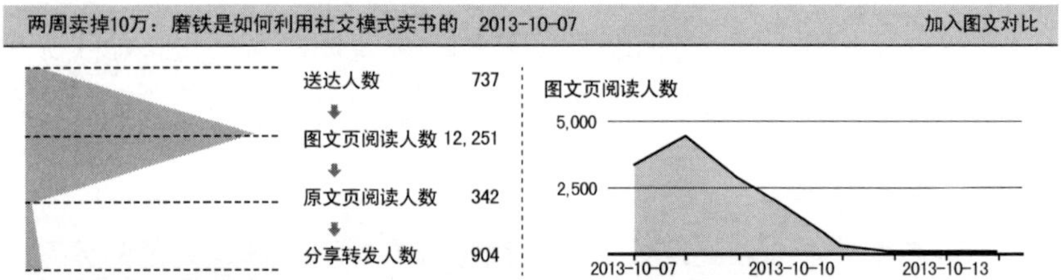

数据明细 收起数据明细

送达人数	图文页阅读			原文页阅读			分享转发	
	人数	次数	图文转化率	人数	次数	原文转化率	人数	次数
737	12, 251	15, 456	1662. 28%	342	395	2. 79%	904	1, 116

图4-4-7

过去美丽说在一段时间的微博官方帐号运营中，一到深夜就放弃发布网站内容，转而为自己的粉丝/听众进行点歌，白天专业的内容，晚上良好的互动氛围，为黏着听众创造了条件，获得了很好的效果。

需要强调的一点是，此前大家关注24小时活跃曲线，但用户发布信息高峰不等于是互动高峰，也不等于转化高峰，互动数量与用户发布信息数量在一定程度上成反比。简单看，活跃高峰时原创信息更加丰富，用户停留和聚焦在单一信息之上的时间大幅缩短，正是因为好玩信息不断涌来。这时，只有好友所发或更有趣的内容才会获得更多注意力。非活跃高峰时，用户反而会着意于浏览现有信息，并给予积极互动，同时也更易于被这些信息吸引走。

05

互动红利：最佳样本广点通系统

除了从细节中找到如何更好地做活动、选择在什么时间做活动等角度之外，切入的选择依然是一个大问题。在互动这个大环节中，如何更自然地成为企业的抓手？要知道，好友之间的信任与互动，会给业界带来诱人的转化效果。QQ空间公开的数据显示，大部分用户会依靠好友的推荐来做决策，因此，好友之间推荐的商品或是游戏的直接转化率为50%以上。

在这一点上，最佳的诠释产品是腾讯广点通广告投放系统（如图4-5-1所示），这是目前国内社交网络最成熟、最有成效的广告投放系统。抛开种种对这套系统的描述，它是方便企业与应用通过投放广告的形式与目标用户发生联系最便利的工具与渠道。

我们可以这样理解这项服务：企业与创业团队没有足够的时间来建立社交关系链、聚拢合适的有效用户群，或者希望更快速地完成这个过程时，就可以使用这项服务。通过此前描述我们能够知道，不管是信息的到达还是与用户的信任建立、关系链的形成，社交网络其实有着非常高的进入门槛。业界为此提供了许多便利的解决方案，建立在广袤用户人群之上的广点通是其中一个：可以协助企业和创业团队将自己的应用、游戏直接投放到数以亿计用户面前；被吸引进来的用户还可以在各自好友间产生为数可观的互动数量，继而产生更为可观的转化数量。

图4-5-1

在这套系统中，最强调的是两个关键：一是素材（信息），二是投放人群（目标用户）。同样遵守着信息、关系链、互动这三大环节。只是互动在这里没有作为系统中的提及项，定向目标人群被排在第一位，当选择好人群后，引导用户点击广告，进入网站或应用，动作被串联到一起，形成有效闭环，互动便成为企业和创业团队收获社交红利的一个突破口。

好信息的特点

在市场上有诸多案例与教程探讨“如何遴选目标用户群”这一话题，企业也大多明白自己要的是什么，我们将讨论的重点放到其余环节尤其是素材中来。细细观察素材，蕴含的特点和社交网络中信息的特点保持一致，如简单、蕴含情感、热点等要求，只是表述有些不同。我们可以归纳出这样一些特点：

- **对应不同人群制作素材**。每个年龄段都有属于自己的共同记忆、爱好、关注点或者需求，关注这些诉求有利于找到情感突破口，吸引用户。如在QQ空间上，年轻的用户人群对于美女、萌宠的关注比例会相对高一些。
- **简洁**。和文字的承载一样，简单的广告小图上承载不了企业太多诉求，因此简洁的图片设计就成为一个必然选项。在这个要素之下，图片上的文字也要尽可能少。过去经验显示，用户易于接受图上有3～5个文字。当超过这个界限时，用户的点击率会锐减。因此，广告图上释放的关键信息要简单明晰。
- **贴近热点**。关切时事热点，如影视剧的大热，就可以被充分结合进素材之中。热点事件本身的大热，也迎合着人们的好奇心和八卦心，甚至本身就是情绪与情感流动的结果，因此格外被人关注和讨论。在生活中，人们最不缺乏的就是一波波涌来的热点事件。挖掘并选择适合自己的热点，是许多投放广点通的合作伙伴利用最多的一点。这个特点，我们在上节新闻热点所带来的回流曲线变化中，已有领略。
- **拟人**。过去案例显示，如果使用真人图片，关注度会比虚拟人物图片关注度更高一些。这与社交网络中应用分享出的信息相似，当应用支持用户用自己的口吻、真实感受去分享信息时，能够获得的信息扩散度和范围都远远大于冷冰冰的机器语言。广点通曾对外分享过类似应用，如多个在线发型设计工具投放广告，效果最好的是以真人图片为基础的素材，超过其他方法3倍以上。

• **广告与应用的联系**。用户通过“广告素材”的点击来到应用或游戏后，发现和图片上释放的信息关联度不大时也会弃之而去。第一眼的感觉对于用户黏着和留存非常重要，因此，运营部门也常重点强调用户点击过来后看到的第一个页面的重要性。

• **迅速更新**。社交网络中的信息生命周期越来越短，热点的产生与消亡也越来越快。承载广告的素材同样如此，当热点迅速过去后，更换就应再度进行，经常性更新素材能够保持用户对广告的新鲜度。相比信息，运营部门经常给合作伙伴的建议是：素材被投递在系统中后，一两个小时内统计数据就能够反馈出结果，合作伙伴可以根据这些数据迅速做出调整，试错可以更快的速度进行。

上述特点，重点是在吸引目标人群的同时，也变成最有价值的推广渠道。QQ空间也开发了其他关系链渠道，利用“好友在玩”等模块协助转化用户。除了这些之外，还要激发用户将应用信息分享到更多平台之上（腾讯微博在这里被组合在一起）。这些分享及引发的评论、转发将再次遵循信息、关系链、互动的特点，协助聚拢更大的社交红利。在这方面，广点通团队曾对外公布了诸多参考案例：

婚恋网站缘来网在腾讯开放平台上制作了一款名为“谁和我

上辈子是夫妻”的应用，目标人群设定为年轻的未婚人群，他们正是婚恋交友的核心用户。应用玩法简单，用户进入之后会看到一些异性头像（真实注册的用户）供选择，如果看到希望认识的对象就可以直接点击。这时，应用会引导用户前往网站注册。整个流程中，缘来网产品团队做了几个很小的设计：

1.应用在QQ空间与腾讯微博同时注册并开发。这为信息被分享、流动到两大不同属性的社交平台做好了准备。信息跨平台流动在不同的用户群中，利于带来更多用户。单纯就两大平台而言，在2011年就已经实现了底层API打通。

2.鼓励分享。应用在一些关键节点设置了有趣的信息，吸引用户将它们分享出去，由于分享渠道已经做好准备，信息可以顺畅地流动开来。团队此前在开放平台做了大量应用开发，积累了许多鼓励用户分享、扩散的经验技巧，为这些信息扩散带来了帮助。

3.简单和趣味性。应用本身使用起来非常简单，团队略微植入了一些趣味性环节。“谁和我上辈子是夫妻”本身就是一个值得朋友间调侃的触发点，也带动了信息在朋友间的转发、互相评论。

应用制作完成后，缘来网投放了广点通。之后短短数月间，信息在年轻的目标人群之间互相流动。数月间收获了500多万名注册用户，多款应用从腾讯系开放平台获得总注册用户数则已超过1500万，悄然间成为中国第四大婚恋网站。

缘来网产品经理陈斌说，应用鼓励分享与否，能够带来的用户数量和效果不可同日而语，前者有着巨大的想象空间，吸引用户数至少是不鼓励分享应用的数倍以上。现在缘来网制作应用、投放广点通广告，要求必须有关键的分享动作，必须不断改进如何吸引用户分享这一行为。

广点通的发展为其他类型的社交网络平台提供了许多借鉴。目前能够充分利用好社交网络的企业与创业团队仍然是极少数，即使充沛的社交红利显露，追求更少时间投入、更快产出，仍然会是许多团队的诉求。这不仅为新营销创业团队提供了大量机会，也为微博、微信等平台类似广点通系统的诞生和崛起提供了土壤。两者之间并不冲突，从多个维度为业界提供了解决方案。当业界热衷于讨论微博、微信平台的商业模式时，机会早已经充分显现出来。

06
两大经典工具模型

现在，我们已经将信息、关系链、互动这三个原点，及其中伴生的典型现象、效应大部分讨论完成。它们包括大节点、关系链保护、自娱现象、获利冲动、过载、互动补贴、被窝娱乐，等等。略加回顾一下，我们会发现，这些现象与效应之间的各种组合，构成了在三个原点之外的理解，以及运用好微博、微信、QQ空间等不同社交网络的新逻辑线。通过它们，我们则需要组合出各种可用的模型与工具，来更好地运用社交网络。其中，至少有两个非常典型的模型浮现出来，分别适用于不同诉求的合作伙伴。

经典模型之一：大节点＋自娱现象＋获利冲动

在信息已经自如地跨平台流动在微博、微信等不同社交网络的大背景下，第一个典型模型出现在大节点、自娱现象、获利冲动，以及互动补贴的组合中（如图4–6–1所示）。有影响力的大节点，加上爆发起来迅速扩散的自娱现象、因为获利冲动而展开的运营活动，被有效组合在一起，从微博、微信、QQ空间中带走海量的互动补贴。

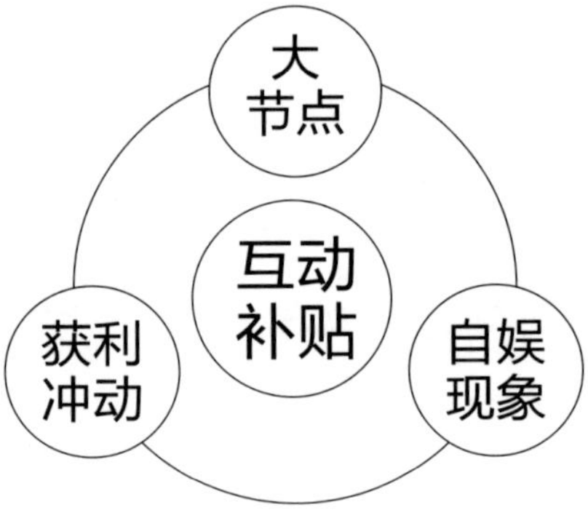

图4–6–1

以2014年春节期间大家极为关注的“微信红包”为例，我们可以看到：

参与收和发红包的是活跃的互联网人群，这个围绕在微信上典型的影响力人群，将他们关于红包的讨论和描述迅速辐射到了周围人群，加上春节期间大规模线下流动，影响力最终扩展到了全国。

虽然每次红包的数额都不等，绝大多数人随机抢到几元几角而已。所开心的，正在一个“抢”字，就像游戏一样，迅速扩散的同时也方便每一个人参与和复制——自娱现象在扩散中扮演了巨大的作用，获利冲动则吸引了对于互联网产品不敏感的其他人群。最终，以微信红包为表象的支付功能，从微信中获得了强有力的社交补贴。如果按照正常发展，想要获得数百万乃至千万以上绑定银行卡的支付用户，可能需要数年之功，现在，一个数周的全民游戏就完全做到了。

将微信红包和嘀嘀打车再次联合起来，我们还将发现组合中的另一种效应：自娱现象推动微信红包成为春节期间最受欢迎、最欢乐的全民游戏，获利冲动则在打车减免费用中继续强化用户习惯于微信支付。前者扩散，后者转化并黏着。

“大节点 + 自娱现象 + 获利冲动”组合是最为常见、运用最为广泛的一种。不仅仅是市场活动，也包括在产品中，如何激发优质用户所创造的优质内容的更大扩散。这是社交网络有利的一点——它们无差别地反馈在了产品创新、营销推广、日常运营中，也反馈在了一条细微的信息中，又最终形成了不可忽视的庞大结果。我们当然可以轻视它们，却会在不经意间发现别人因此已经跑在了前头。

这一组合模型，为我们看待和理解社交网络提供了新的视野。从数据中，我们已知每个细微的分享会汇聚起收益，但也知道，分享及互动这两个动作极其珍贵，用户吝啬于使用它们。因此也就不难理解，大部分值得观察的案例多以个案存在，而非期待中的持续稳定增长。因此，能够获益的合作伙伴，确实屈指可数。

我们将目光重新投回到第一章第三节上去，在这一节讨论到了分享力和扩散力。在一个简单的用户分享行为中，可以先拆解为三个小问题：

1. 用户为什么要分享讨论关于“我”的产品和服务？
2. 他/她在什么领域或人群中有着自己的影响力？
3. 他/她是如何用自己的话语风格来表述这件事情的？

这时，我们会发现，本书关于信息、关系链、互动之种种分析与探讨，大部分集中在了后面两个问题上——优化大节点（目标用户）发出的信息与互动，是推动力的具体体现。而对于分享力，我们会发现它还处在另一种矛盾之中：自娱现象和获利冲动推动了分享，但仍非分享力本身。**产品自身带给用户的体验是否超过预期，才是分享力的源泉。**这点并非是社交网络所能予以解决的，需要回到产品中去看。

同样，在讨论自娱现象与获利冲动的组合中，围绕这两个特质所展开的活动本身，更会类似于第一章第三节图1-3-3中所看到的成长曲线中前端不断突起的小尖刺。当仅仅是将它们作为活动一样对待，能够带来的只是一个短暂的高峰，只有能够将之变成运营的基础（如获利冲动使用），和产品文化（如自娱现象的使用），融入构建“一套分享体系/文化”时，才能够实现最终的持续、稳定的目标。

经典模型之二：帐号+渠道+互动服务

社交网络与业界合作伙伴之间的关系，还构建出了第二种常见组合模型：帐号+渠道+互动服务，以及与场景的组合（如图4-6-2所示）。这类组合被大量新进入的应用、合作伙伴所运用。

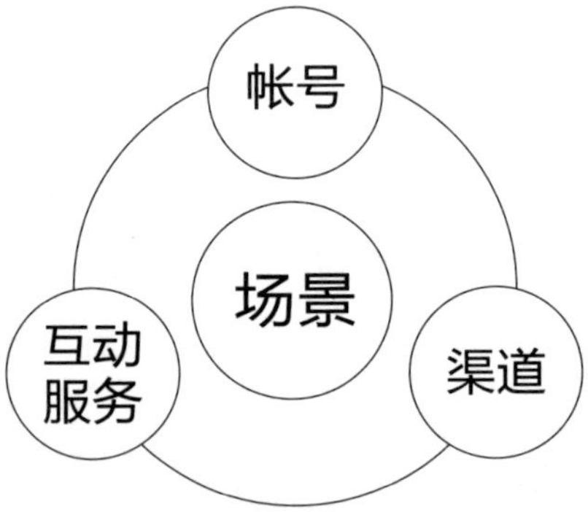

图4-6-2

关于“场景”一词，书中已经提及多次而没有解释。表面上看，场景泛指人们在生活中特定的情景。在社交网络更倾向于指人们在什么样的状态、情景下使用某一功能或应用。在社交网络中，用户对陌生人不断发出的信息备感厌倦，认为是巨大骚扰。而在美丽说、蘑菇街这类垂直服务中，用户只恨没有更多的图片和信息。场景的差异直观体现了出来：朋友沟通不希望无意义的帐号骚扰，在购物的场合中则是商品信息越多越好。

在这个组合中，帐号是一个特别的泛指，包括了实际用户、大节点、内容营销帐号等。渠道也是如此，即关于企业的信息不仅被发布在微博、微信公众帐号里，也出现在媒体、电视上，以及其他渠道产品中，共同将目标用户聚拢到产品中来，通过互动和服务来实现转化黏着。

和第一个组合模型有所区别的是，信息的扩散是依靠费用投放、商务合作来实现，并不是用户自发产生自娱现象来推动。实现黏着转化需要依靠互动和服务。获利冲动不被用来组合在这一模型中，是因为第一个模型通过大节点所带来的是好友间强关系，已有信任关系会弥补对新应用的陌生，只需获利冲动完成建立、强化用户的习惯。而在这个组合中，帐号及多渠道传播、投放，带来的仍是弱关系，缺乏信任基础，需要用互动和服务来弥补与建立，如果这时用获利冲动替换互动服务，很可能看到用户再度如潮退去。

帐号与渠道组合的结果，会构建起一个潜在场景，或用一款独立应用实现，或聚拢在一个大帐号之下。帐号同样也能构建起一个场景，尤其在微信中更是如此。当实现这一点时，也就不会再被用户拉黑了，转而会要求更优质的服务与信息。

观察下营销圈子中被讨论最多的一些通过微信卖货的案例，就能够看出类似场景的意味：

> 广东惠州的“柴公子”通过微信在2013年冬天卖出8万元板鸭，以及北京“三公主利用微信销售面膜”的故事在小众圈子中流传。两个案例中大部分成交订单，来自于“柴公子”及“三公主”成员三姐妹个人微信中的数千位好友。这些好友来自于文章，即两个帐号的运营人员会撰写许多经验体会的文章发布出去，并邀请其他好友也帮忙分享，因此将许多用户从各个好友圈子中自动吸引而来。同时，两个帐号的持有人都积极在微信上展开互动、提供服务，将这些本是弱关系的好友，转化为对自己有需求、有信任的好友，最后实现了卖货的结果。
>
> 第二个模型的崛起，正是来自于这些细微的案例，以及无数微博营销、微信营销之中，也最适合于市场营销。

上述两个工具模型目前运用最为普遍，适用于不同类型的合作伙伴。在实际使用中：一方面，还有更多新的组合模型浮现；另一方面，许多应用及案例更擅长于其中一点，如部分章节中引用的案例，抓住获利冲动强行推动一个活动的分享，或者利用自娱现象，如索契冬奥会中没有绽放成功的五环，被许多互联网公司迅速编辑成微博段子等。

还有部分在小范围组合运用，如自娱现象与互动服务的组合，可以概括为一句话：“传播好玩、留下有用。”对互惠行为与互动激励的结合，会将弱关系转化为目标用户，给企业帐号带来帮助。自娱现象与大节点的结合，对于UGC内容型应用的帮助显而易见，或者自娱现象强化先发优势所引发的关系链保护效应，等等，都有助于合作伙伴展开挖掘和试探。

社交网络的组合

两个工具模型中，都蕴含着不同社交网络、不同平台的组合。在社交网络范畴之下，不同的产品自身也在互相融合。

在这里，微博、微信、QQ空间，甚至论坛等更多的互联网产品，都是以融合和互补的形态出现，只是分别适用于不同的使用场景。信息流动的无碍令它们之间的界限得以打破，哪怕曾经是竞争对手。又因为分享的无碍，服务也会变化成各种信息而得以在另外的社交网络中提供。

这种跨越产品与平台的流动，会合力营造强大的环境威力。尤其当口口相传时，互动就迅速穿透了线上、线下、不同产品之别。比如电视节目所影响的主力人群在社交网络中泛起的涟漪，这在《我是歌手》《爸爸去哪儿》《中国好声音》等综艺节目中早已被我们所熟悉。到了2014年3月，韩国电视剧《来自星星的你》再次掀起了更大的关注与讨论热潮，以至于在微博、微信被刷屏，甚至一家互联网公司允许员工请假看大结局。

线上、线下，或者与互联网外的平台组合，也正成为了一个新的融合方向。比如唱吧、啪啪与湖南台《天天向上》栏目的合作，一度刷新了这两款APP的下载记录，抬杠邀请了节目主持人汪涵等客串广告节目，这些新方式正在刷新玩法，推动人群扩散和信息更大范围的流动。

背后的本质，**是人们一直希望得到的信息流动开来，流动到更多地方和更多人群中去。**产品与产品自身之间在互相融合、互相链接，分享的动作成为将信息分发出去的主要动作。面对一个新崛起的网络，已有的渠道与运行方式从来都是最先被利用的资源，协助了新平台的快速发展。反过来，新平台又会继续强化原有平台的核心属性。

因此，我们看到，原来只是在一个小贴吧中用于自嘲的称呼——屌丝，通过用户进入到微博中，这个称呼又迅速渗透到了媒体、企业中，并在2013年4月被巨人游戏注册用于游戏推广。我们也看到原来在猫扑论坛中的“捶地大笑”表情的代码233，被用户大量使用在微博中（直接在一条微博的转发评论中输入数字233，尽管并不会带来表情的出现，但熟悉的人群对此心领神会），也看到类似“是中国人就转”的信息，在微博中、QQ群中、论坛中不断出现，最后又出现在了微信群和朋友圈中。

从竞争到合作

流动会发生在竞争对手之间。用户自身起到了流动的连接管道作用，他们会将信息分享、复制到任何一个自己当下所处的产品中，并在那里再度展开互动。

在这种变化下，过去曾经竞争非常激烈的对手也开始了融合乃至合作。以四大门户网站为例，腾讯、新浪、搜狐、网易四大门户竞争激烈，在奥运会、世界杯、NBA等重大事件中不惜重金投入，希望“独家”合作。博客时代中也各自推出相应的服务直接竞争。微博出现后，四大门户按照惯性采取了同样的动作。但竞争很快就被悄然打破，虽然未公开宣布，鼓励用户将自己的信息分享到其他社交网络中去却已成为基础服务之一：从腾讯新闻到新浪微博，从新浪新闻到腾讯微博，或者与搜狐、网易新闻客户端之间互通。每天，不同网站之间，这些融合都以几十万用户的分享动作为基础。

2013年4月，“四川雅安芦山发生7级地震”期间的互联网企业合作样本，也是很好的范例。地震灾害发生后，大量求援、寻人数据涌入微信、微博、QQ空间等社交网络，也涌入了搜狐新闻客户端、搜索引擎等其他产品中。地震发生当天（4月20日），包括腾讯旗下的腾讯微博、微信、QQ空间，以及百度搜索、搜狗搜索、谷歌搜索、360搜索、搜狐新闻客户端、高德地图等各大平台迅速将寻人数据打通共享，共同提供服务。

2013年11月，陌陌与腾讯微博再度公开了一个合作案例，在产品新版本中，陌陌支持用户绑定腾讯微博帐号，支持信息分享。当合作进行三个月后，绑定且活跃的用户数每天达到了200万。庞大的数据对流开始发生在这两个截然不同的社交平台之间。

数据与用户的流动模糊了竞争对手的称谓，也会模糊不同平台间的距离。在类似地震这样特大灾害突发事件中的携手虽为个案，但也指出了业界今后的发展走向，即互相融合已成趋势。互相融入、互相借助对方的数据，互相在对方的平台上为特定的用户需求提供服务。

跨产品流动的红利

社交网络为不同产品间的流动提供了许多初级工具，如分享按钮已被数百万网站、无线应用使用。通过这个小小的按钮，用户能方便地将自己在某一产品、网站中的信息和所做的评论分享到社交网络。当流动能够在更大范围自然发生时，获取的红利更为可观。也就是说，信息伴随着用户出现在它所出现的产品、场景、人群中时，又将产生一种因为流动而带来的放大效应。

在前面描述的鸟叔的《江南Style》流行，以及《我是歌手》《中国好声音》的关注中，乃至游戏植物大战僵尸、保卫萝卜、疯狂猜图的扩散中，都体现着这样的特点。电视、平面、博客、社区、微博、空间、微信、QQ，以及现实中的聚会等诸多平台、产品、场景，都为这些作品信息的流动与放大合力做出了贡献。

2011年6月以来，腾讯微博与QQ空间开始底层打通API，分别进驻在两个不同开放平台之上的应用可以将信息分享到另一平台上去。此后，腾讯微博的信息不仅可以流动在QQ空间中，还出现在了QQ、微信、腾讯网中（反之其他平台的信息也是一样），这意味着信息可以在更多平台间发生自然流动。到2012年年底，在和QQ空间的一次会议上，我们就探讨到了这个现象：**当信息流动在QQ空间和微博中时，企业带走的流量超过单独在两个平台上获得流量的总和。**

199IT网站也曾留意过这种变化，他们在统计后台时看到，只被分享到腾讯微博的资讯，却为自己从QQ空间、QQ等产品中都带来了可观的回流。每当在腾讯微博产生1000个点击时，从其他产品中就会产生3000个点击，这正是信息从微博流动到其他产品去后所产生的红利。

打通也开始发生在了微信和微博之间。2013年年底，微信公众平台支持公众帐号发出信息时，同步至微博帐号，在开关释放尚不被业界熟悉的第一天，即产生了百万以上的数据对流。

当然，平台自身也享有流动红利。一旦这种分发、流动的作用产生就不会轻易停止，业界企业的利用与进入，会带来更大范围的关注和资源的流入，这为社交网络更快速地成长提供了帮助。微博与微信，都在享受着这种红利。

第五章

开放与新红利

社交网络的积极开放提供了许多弯道超车的机会。不管是将自己融入还是重新开发新应用，都足够令创业团队获得前所未有的发展速度。

各大社交网络不约而同地打开了开放的大门，为业界与合作伙伴带来了一个直接可用的平台。仅仅是通过类似分享这样简单接口的利用，已经体现出巨大的红利收益，背后开放平台所展现的想象空间更为庞大。

在开放平台上，合作会以更加多变的形态展开，不管是一款款小应用，还是基于各种大数据的重组与利用，或者平台所释放出的各种细分、垂直服务的机会，都能令合作伙伴的发展速度变得更快。

01

为什么我没效果：企业的社交困境

社交网络虽然提供了巨大的红利，但对许多传统企业来说，仍然存在着一个无形的玻璃墙：并不是所有人都能充分享受到这些来自社交网络的海量用户和流量，相反，如何运用好社交网络仍然是一个高难度、让人手足无措的事情。红利似乎掌握在小部分精英企业手中。

数据确实在证明这个观点的正确性，海量且充沛的流量更宠爱部分网站和应用、事件和内容。在拥有超过5亿注册用户的腾讯微博，拥有千万以上听众的帐号只有36个，在微信上，拥有超过百万粉丝上的微信帐号更是屈指可数。显然，并不是所有企业和用户都能拥有可观的听众群，如鱼得水游动在微博、微信中的企业总是少数，大部分都在金字塔底部充当基石。

困境最终以一些我们能够看到的结果呈现：

· **选择难题**。从QQ空间到微博，再到微信，新的大型平台的诞生与崛起的时间越来越短，在这些平台上所呈现出的精彩案例层出不穷。企业和创业团队面临的选择难题则越来越大，一家社交网络平台还未熟悉与精通，另一家可能又成为全民关注的热点。将主要精力放在哪个平台上会对自己更有帮助？

· **无法获得用户**。不管是在微博还是微信上，当一些企业或团队炫耀自己在很短时间内迅速汇聚了数十万、数百万优质的用户人群时，许多小团队只是在数百、数千用户间努力挣扎，每增长一个用户都是艰难的突破。

· **尽管也在运营帐号，但信息自始至终流传不出去**。有创业者打趣说：丽江有数千家客栈，大家都有“遛狗、晒太阳、发呆”这些特点，价格也都差不多，如何在微博或是微信上做出不一样的口碑？

· **效果无法累积放大**。2013年4月，一家创业公司的CEO在微博中发问，为何他大规模投入做了连续两个月的微博营销，微博覆盖用户人群已经超过了小米，效果和小米相比却天差地别？而搜狐新闻客户端运营的几个微信自媒体帐号则在暂停几天下发信息的时间里，一天几千个用户取消、退订而去，可能大规模的投入总是无法获得满意的结果。

观察微博帐号与微信自媒体帐号，第一时间在社交网络上的成绩，多是现有资源或者认知的累积转化导致。微博、微信或者QQ空间只是适时被提供的合适工具。以美丽说、蘑菇街为例，前者创业团队对社区十分了解，创办美丽说前，他们曾创办过“抓虾”阅读类工具，后者则对电商与淘宝非常熟悉。在社交网络开放后，抓住潮流将用户与电商推荐之间的距离一举缩短，方便用户的同时成就了自己。

选择什么样的平台并不难，是以自己所面对的用户群，他们的使用喜好为切入点。事实上，小米手机充分利用微博、微信，但也没有抛弃过去的论坛模式，从塑造品牌一开始，论坛就是聚拢铁杆用户的有利武器之一。微信因为私密沟通属性被小米放在做客服平台的位置上，可以帮助企业提升CRM管理；微博的信息流动迅速，适合做品牌，不同社交网络更像是已有工具的组合。

可借鉴的做法

困境本身有着诸多解决方案，在过去分享的种种思路与细节之外，参照那些优秀的前行者的做法，还有一些其他借鉴：

（一）企业高管真的重视

对社交网络的基础理解，尽管只是短短的信息、关系链、互动三个词语，所展现出的力量却千差万别。我们无法奢求所有的企业高管都能如唱吧CEO陈华（此前曾创办酷讯网）、啪啪CEO许朝军（此前曾为人人网CEO）、美丽说CEO徐易容（此前曾创办阅读工具“抓虾”）一样理解社交。因此，充分重视社交网络，充分鼓励自己的团队试探就会变得很重要。

以优酷为例，总裁魏明多次召集会议，率队与腾讯产品经理讨论如何从分享这样简单而基础的行为中提升流量。当微信初露端倪时，魏明也第一时间扎了进去体验，并要求团队结合、运用微信平台。在和微信展开合作之前，雷军与小米另一联合创始人黎万强也泡在微信中玩了三个月。这有别于口头的“重视”。

在社交网络中，此前所分享的成长曲线能反映出一些问题。由于和社交网络的合作不是传统的资源与资源的对接，要深入获取红利也不是一个部门简单添加分享按钮、开通帐号就能实现的，需要产品运营等多个部门综合投入，数据上还需要等待一段时间后才能显示出效果。因此，越是以KPI为引导的企业，越需要高管为此牵头。

（二）不妨做些好玩的小应用

不能小看小应用，利用开放平台提供的API接口制作的应用，为网站和创业团队筛选、聚拢了大量目标用户，也推动了信息快速传递。

尤其是美丽说、蘑菇街，早期在微博开放平台、QQ空间开放平台上，针对年轻女性用户（目标人群）制作了大量轻松简单的应用。小应用也是诸多企业在展开活动时的必备选项之一，这是社交网络为创业团队提供的弯道超车、快速发展的通道之一，赋予了更多创新的可能。

说是不要小看，还因为数据的惊喜。仅在腾讯微博开放平台上，带走最多用户的应用之一即一款小应用，用户数高达3000多万，这是诸多大型网站都无法实现的结果。

（三）有个好心态 + 不断试探

并不是每个企业都能迅速在社交网络上得到十万、百万以上的用户，当开始聚拢了几百名核心用户时，已经足够开始展开社交网络之旅。任何一家企业或创业团队，在面对不同社交网络时，都需要容许自己（尤其是容许用户）有一个适应期。在前期阶段，企业可能还感知不强烈，一旦越过引爆点，红利会加速涌来。

有好心态的同时，可以不断发起各种试验：不同信息的写法，素材的制作，不同活动的策划角度，乃至不同渠道组合、选择不同时间、迎合不同热点事件，都会产生不同效果，测试能够充分掌握这些细节之中的微妙之处，那么，整个社交网络都将为我所用。

（四）如果可能，将自己与平台的重点发展方向捆绑起来

在与外界的合作伙伴接触中，社交网络平台多半会强调一句“平台资源没有用”，这是因为：如果合作伙伴对于社交网络的理解没有到位，再优质的资源给出来，几百万用户迅速涌到合作伙伴处，也会再度回去。合作伙伴面临的是无法留存和转化的尴尬。

因此在过去的时间里，我们多建议合作伙伴多泡在腾讯微博、QQ空间、微信里。只有彻底浸泡在产品里，才会充分理解本书谈及的种种细微之处，也才能将平台的任何支持与资源释放迅速转化，取得事半功倍的效果。

浸泡

只是现实中，浸泡也是一个很高的要求。如时间被碾压成“粉尘”一样，拿出大段时间来熟悉和适应某一网络平台，就是一件奢侈的事情。本书极少分享失败案例，这些失败案例一个共同之处是对资源极度渴求，却对平台及社交不愿熟悉。我们在沟通一些案例中发现，甚至对方连负责的产品经理和运营总监都不用微博，很难想象他们能够理解那些细节背后的逻辑。

这样的故事继续延续，今天微信已然是全民应用的态势，但也会有自己的边界。如传统企业的部分高管，极度关心微信给自己所处行业带

来的变化和影响，但当询问使用情况时，会得到令人诧异的结果——很少泡微信，对于上面绑定的应用更是闻所未闻，更别提其他社交网络和移动应用了。他们愿意参加各种培训，却没有时间认真研究、使用一下产品。一次，在和另外一家大型传统企业沟通合作时（2013年年底），现场随机做了一个小调查，在场参与会议讨论的10位高管，只有3位用了微信。在那时，我几乎无法相信，而那天的议题，恰恰是如何在产品中植入社交化元素。

浸泡所能得到的另一个效果，是对平台的了解及其发展重点的把握。获得平台优质资源最好的方式，是将产品与平台的重点发展方向捆绑起来。曾分享的案例中，评论同步试点、富信息试点等都有着大量资源结合试点倾斜而下的过程。这时，尽管“平台资源没有用”，但与平台一道构建起足够的理解，能够让这些“无用”的资源发挥巨大的作用。

尤其在一个平台发展早期，先行浸泡，熟悉并勇敢进入的企业与个人，会获得更为丰厚的先发红利。今天大家看着上千万听众的冷笑话微博大号、已经获利的个人微信自媒体，还有书中的大部分案例，多动身在遍地是虫等着鸟吃的清晨。

社交困境于社交网络而言也是一个亟待解决的问题。我们也不得不承认，充沛流动的是信息和情绪——这导致最先利用的是具有媒体属性和能够充分利用媒体属性的企业。如何将用户发出的更为庞大的生活信息，与中小企业服务结合起来，为用户提供直接而优质的服务，会存在一个巨大的机遇空间，驱动更多创业团队向前。

02

进击的小应用

社交网络对现有企业带来了新的利弊，利是过去的资源与视野会帮助人们熟悉新变化，弊则是发生在关系中的碎成“粉尘”一样的沟通，对品牌和企业造成了新的“不平等”。**但以“粉尘”的新视角看，大节点与自媒体的浮出，会给企业带来新的触及用户的解决思路。他们或许是一个帐号，或许是一款小应用。**这些“小”，在快速聚拢起用户后，会有可能变得很“大”。

将自己变成小应用

海丁网是一家面向人才招聘的创业公司，定位在协助企业找到合适的人，而不仅仅做简单的供需信息发布和简历传递。比如，一家创业公司希望找到技术骨干，这时仅仅发出招聘需求没有用，如何“点亮”有能力的人才加盟？或者一位没有学历但有能力的用户如何被适合的工作自动找到？为此，海丁网甚至会设置许多条件“阻挡”用户面试某一项工作，或积极沟通潜在目标人群，以鼓励他们考虑一些新机会。

创立之初，海丁网CEO程朝晖明确希望充分利用社交网络为公司带来快速增长。一开始，程朝晖也使用了许多方式方法，如鼓励企业关联腾讯微博帐号，将招聘信息同步在微博和网站上，适当展开一些活动运营，希望推动用户关注。这些策略在发挥作用，只是创业团队和网站都必须面对着那条逐步上扬的成长曲线，到达爆发点的时间过长，会令创业团队丧失宝贵的市场机会。

这样的需求在创业团队中非常典型。除去关注信息、关系链、互动三个节点并持续优化，创业团队可以考虑在开放平台上开发应用，将自己融入其中。一方面，社交网络打开了开放大门，提供了丰富的接口以供合作伙伴使用；另一方面，应用也是快速聚拢目标用户的途径与渠道。

开发应用与“垂直服务”（下一节我们就将深入讨论垂直服务）有许多相同的地方，都是将自己与大型平台完美地融合起来，甚至完全根植于平台本身。

但开发应用更倾向于将自己的服务、功能、需求独立制作成一个个专注的小应用，或者根据用户特点与共同需求，制作出新的应用进入到开放平台中来。

这和许多大型企业在面对移动互联网时的态度是一致的，他们并不是将一个大而全的应用搬上手机，而是开发了许多专注而单一服务的移动APP。

基于这些思路，海丁网从自己的“好工作找到我”“点亮高端人才”两个角度出发，提出了制作应用的出发点：许多创业公司需要寻找的员工往往不要求学历，而是在某一领域有其特长，又能快速学习新鲜事物、跟上公司快速发展步伐的新人。这些新人的特点更具有个性，如管理社交网络帐号的岗位，一位在微博上收获了1万听众以上的草根用户，或泡论坛时曾发出了许多热门帖子的年轻人更合适。这一类用户不管是企业去找寻，还是他们寻找工作，都会遇见许多障碍。将这些各擅专长的用户，和特别需求的岗位分别聚拢起来就是一个值得思考的方法。

根据这个切入点，海丁尝试了一个小应用——“微名片”，得到了部分验证和数据反馈：发布5个月后，靠用户在朋友圈和微博上的自分享，带来了76,657位注册用户，他们创建的名片信息浏览展示超过221万次。其中38,152个用户在朋友圈分享得到了28,116次收藏，还有4435个用户发起了近22万次交换名片的请求，获得了20%（44,145人次）的同意和互相收藏。

七天应用

在过去，一些非常有代表性的案例值得参考：

2013年光棍节时，缘来网在腾讯微博开放平台制作上架了一个应景应用“单身闯关活动”，以“最近很忙”的元芳和狄仁杰为引导员，通过闯关形式一步步找到参与用户的梦中情人。产品经理为此设置了四个关卡环节，分别是“你有爱的能力吗？”“你有爱的激情吗？”“中国好情人”“元芳，你怎么看我的梦中情人？”不乏一些关于爱情态度的尖锐测试问题，吸引了网友们纷纷参与互动。

其中第三关“中国好情人”中，借鉴融入了《中国好声音》节目形式，进入应用的用户会被随机选择一位缘来网的会员，回答对方提出的问题。这一环节不仅让会员融入到应用中，扩大了与目标婚恋人群的接触面，用户还能通过点击头像链接进入注册，这个设置成为缘来网收获PV和新用户的主要来源。

为了吸引更多微博用户进行分享，缘来网准备了丰富奖品，包括iPhone手机、Macbook Air、Q币等，每一个关卡都设置了抽奖机会，用户过关并分享微博后就可以参与抽奖。事后，产品经理在数据中看到，因为这个小环节，闯关应用在3天时间内从腾讯微博获得了近5万名注册用户，全部13天时间内吸引了近150万用户参与互动。

开放平台将这些小应用称为“七天应用”，意思是许多小应用从上线到爆发，再到迅速消退，只需要7天左右。迅疾而来，倏忽而去，和信息越来越短暂的生命周期很类似。并不是每个应用都能迅速发挥作用，反复的试错与测试调整是必须经历的过程，一旦找对了方式，一款小应用就能带来足够多的惊喜。7天小应用就在担负起试错的责任。

缘来网也制作了其他多款小应用在各个平台上，对方产品经理陈斌说，缘来网在腾讯微博开放平台制作的“看看你有多抢手”小应用，两个月时间内超过250万人被授权使用，“上辈子和谁是夫妻”超过150万人被授权使用。后者同时在QQ空间上线，迄今一共收获了2900多万授权用户。（之前的案例曾有分享，缘来网通过这些应用，加上在QQ空间的广点通投放，为自己转化了超过1500万注册用户，从应用的授权用户到网站的注册用户之间，还有一层转化。）

小应用制作所需要花费的时间成本并不大，只是由于需要一定开发力量而遮挡了许多团队的目光。有些善于用巧劲儿的产品经理会将一个个“七天应用”的生命周期串联起来，每天都能有不同应用处在高峰阶段，从而积累起一个庞大的用户和流量。

低成本试验各种可行性

从2013年年底开始，太保寿险（下文简称“太保”）在微信公众帐号上利用小应用做了许多有益尝试。8月份，太保寿险开通微信公众帐号“中国太保”，期望能将之打造成千万级客户关系管理平台。公众帐号陆续上线保险咨询、交费查询、客户俱乐部等基础服务功能。至当年12月，太保寿险总共获得15万订阅用户。12月同期，太保在帐号中上线一个小测试“寿命计算器”，用户可以和帐号做简单的关于生活习惯的问答互动，推测自己寿命年限，这在严谨的太保中算是一个大胆的尝试。此后，用户口口相传了这款小测试，有超过30万用户在短期内进行了体验，这对太保带来很大惊喜和启发。2014年年初，“养老成本测算”“真情告白”等小应用，与电子保单、理赔报案等基础服务互相交叉在公众帐号中推出。到2014年3月，太保帐号沉淀积累下60万活跃订阅用户。

大多数时候，企业已经在一个专业领域内建立了自己的影响力和服务模式，社交则是另一种生活方式。两个截然不同的领域与生活方式会无法直接融合到一起，也阻碍了很多传统企业直接转身进入社交网络。

以一整个庞大的身躯完整进入，会造成诸多水土不服。快速流动的信息，也无法承载起一个企业的沉重诉求。在这个过程中，不如将自己的功能和服务，碎裂成无数个小应用，或者将目标用户的需求与服务相结合，开发出一些新应用。

小成本快速试错、快速试探新方向、快速了解用户喜好和习惯，寻找到自己与社交网络最佳的融合点，和适应期中展开的活动运营一样，小应用能协助企业试探到自己在社交网络短期内能达到的最高高度。这是小应用身负的使命。

我们可以将这些小应用看作是一些改变的开始：

- **碎片化**。将企业功能与服务制作成小型应用，进入到不同社交网络中去。用户在哪儿，就和他们在一起，用能够接受的方式提供服务就是可考虑的方式。这样的话，尽管用户停留在微博、微信、QQ空间中，其实也会停留在自己的服务中。当自己制作的大量优秀应用不断出现在用户面前时，除了高度的品牌曝光外，也相当于用户不断在试用自己的应用，带来的结果是后续转化比例非常高。
- **社交化**。在吸引了一批关键用户后，能够激发邀请好友再进入，鼓励他们分享出有趣的信息，这已经成为许多创业团队的基础能力。可以确定，一款优秀、高度活跃的应用，其实是在产品思路中融入大量与热点相关的因素，并将日常运营、活动策划做了很好的结合，对于团队内部配合的要求反而很高。

一旦方向找对，这些小应用会直接爆发，由小变大，成为优秀的“垂直类服务”、明星类创业应用。同样，如果小应用可以承载起这个期望，那么变身为无数个灵活精悍的小团队，就成为了企业在社交网络中可考虑的生存方式之一。

03

垂直的机会

在今天，微博、微信、QQ空间这样的大型平台，都在面临着同样的局面：海量用户涌入，带来了海量而无数细分的需求。但平台无力一一解决，甚至，越是用户量大的平台，越在苦心维系简单的产品使用体验。因为只有这样，才能满足海量用户的基础需求，也才能鼓励用户在一个平台上创造出无数新玩法。无法被平台满足的细分需求，由此成为了创业者最好的土壤，大量垂直类服务和应用就从中崛起。

现在的社交网络，多以协助用户拓展关系链为主，会像陆地一样变得越来越宽广。不管是微博还是微信，抑或是QQ空间，都力求让用户数量不断增加，并通过用户的发布与分享行为，将信息源源不断地从外界汇聚到社交网站中。

垂直服务

传统媒体意义上，有价值的信息多指有传播价值的信息，如名人明星的相关信息或新闻事件，在社交网络中更多指用户在当下需要的那个信息，即用户（以合适的方式）在合适的时间获取合适的信息。这意味着**需要将散落在庞大社交网络中用户间的需求、兴趣汇聚起来，以一种合理的方式提供服务。这是细分服务的机会与出发点，目前在社交网络上提供的垂直、细分服务越来越多。**我们可以再回看美丽说的发展：

> 美丽说定位是女性时尚购物分享社区。从微博的角度看，可以理解为“时尚购物微博”。
>
> 从微博发展而言，现在主流互联网用户已经大部分被圈入进来，开放程度越来越大。微博具有很大的包容性，一个分享按钮、一个登录组件就构成了某种合作关系。**在发展过程中，微博不断往下沉，变成一个基础平台，众多网站和应用向这个平台源源不断地贡献内容和用户，或源源不断地获取自己所需的用户与流量。**
>
> 但微博现阶段也无法很好地解决那个由Twitter创始人提出的命题：将合适的内容在合适的时间发送给合适的人。这其中，漏掉了重要的一环——以合适的方式。
>
> 用户不会在人声嘈杂的菜市场聊大买卖，也不会在音乐厅里做商务谈判，总是要找到合适的场景。因此，微博越大（尤其在国内微博的玩法变异成了看谁粉丝/听众多，谁影响力就更大），

就越给这些细分需求带来机会。

这个问题，微博自身还暂时无法解决，注定会留给业界。不然，推出的名单、微群功能就足可满足，但用户显然不是特别乐于接受，注意力投向了垂直服务这一方向，例如国内的导购服务网站美丽说、蘑菇街。

在过去，这些需求大量出现在了论坛，尤其是QQ群中以小圈子、兴趣圈的方式进行。例如，笔者的友人韩书梓建有多个“购物败家群”（败家是对购物“Buy”的另一种称呼），里面是许多身边女同事和闺蜜，还有一些多年网络购物时认识的同道达人，大家需要购物咨询、经验分享时就在群里进行。

现在，随着社交网络的发展，为聚拢这个人群提供了新的机会。导购类垂直服务，就是将散落在年轻女性用户中，关于购物分享的碎片信息与需求汇聚起来，形成一个良好的社区氛围，以提供更丰富细致的服务。而在大微博中，这类需求与信息被更为海量的生活信息所遮盖，无法精准到达有需要的用户。

那么，他们是怎么从社交网络中聚拢这些用户与需求的呢？简单观察，你会看到两家网站都采取了类似方法：

1.充分利用现有社交网络的用户体系与组件组合。两家网站都采用了腾讯和新浪两大官方组件，包括一键转播、帐号登录等。现在，微信也成为了标配。

2.利用现有渠道与系统。两家网站在早期进入开放平台后，付费邀请大批内容帐号、微博营销帐号转发和发布内容，他们同时也是腾讯广点通广告系统的大玩家。

3.制作大批小应用放置在QQ空间、微博开放平台上。小应用在新创业公司崛起的过程中，同样发挥了重要作用，鼓励大家使用的同时，也让大家记住了自己的品牌。这些小应用为自己筛选了大批目标用户。

4.鼓励用户收听自己的微博官方帐号、QQ空间认证帐号。到今天，美丽说在腾讯微博聚拢了1545万听众，QQ空间聚拢了2487万听众，蘑菇街的数字则分别为1743万和1995万。

第四点好理解。企业微博官方帐号是最好的客户关系管理工具，不仅可以随时影响到这些客户，还可以通过转发、评论扩散到更多用户面前。前三点的核心，都是鼓励用户转化到自己网站上去，不管是付费转发，还是用小应用来筛选喜欢购物分享的年轻时尚女性。一次在和美丽说CEO徐易容沟通时，他指着腾讯微博一个年轻女性用户的帐号问：要如何做，她才会主动收听我们的官方帐号呢?

这些努力，迅速推动了两家网站快速从微博、QQ空间获得大批用户，一度每天从腾讯旗下社交平台带来的用户总数占到其中一家25%以上。到2011年11月，美丽说获得第三轮2000万美元的融资，估值已达1.5亿美元。蘑菇街在一年后也顺利完成第三轮融资，估值相当。

两家网站也鼓励用户再度互相收听，这跨越了不同平台来源的用户交流障碍，增加了信息流动。只是同样因为这一措施，导致用户需要更多操作，增加了难度，因此又给基于手机上、根植社交网络平台之上的导购类应用以新的机会。

被聚拢起来的高价值人群

观察美丽说、蘑菇街的成长，还能看到这样两个共性：

· **两家网站拿走的用户是微博中高消费用户群**。她们是各大电商网站的主力人群，都是多次消费的人群。

· **专注聚焦于女性购物分享这一细分需求**。这也是美丽说、蘑菇街能够超越国内其他类似Pinterest网站的部分原因。相比之下，其他同行希望尽可能覆盖用户更多兴趣，反而不利于用户理解和聚焦。

垂直服务会给社交网络的信息、互动带来价值：一方面，有价值的信息（如能直接给某些人群带来帮助、解决问题或者提供愉悦等）会在其中备显珍贵；另一方面，信息无好坏之分，哪怕是一些所谓低效的垃圾信息，只是看依附在什么样的场景和产品上。

因此，哪怕社交网络对这些信息采取了不同的呈现策略，从趋势上看，仍在源源不断地汇聚各类信息（不论好坏），并将信息分发到合适的产品和场景中去。垂直服务恰恰就弥补了这一点，它们的使用也给这些低效信息提升了价值。

在大型社交网络中，任何一些细微的需求、信息都能汇聚成一个庞大的结果。当有需求的用户群汇聚在一起时，他们所能贡献的价值点将会被放得更大，如美丽说中云集的年轻时尚女性。不管是单一动作需求，某一领域或类型的内容、问题，还是地域需求，在社交平台上都可以看到越来越多这样的创业应用：

· 皮皮精灵一开始为内容帐号提供定时发布的功能，单一聚焦的服务很快将数百万企业、草根内容帐号云集在一起，并通过这一基础，逐渐进入更多平台。目前，皮皮精灵也开始为部分自媒体帐号提供微信平台上的部分日常编辑、维护服务。

· 微问将微博中人们所有的问题搜集聚拢在一起，邀请对问题知晓的其他用户进行解答。这一方式每天能够服务数十万用户，也潜藏着对品牌企业、新服务的巨大的商业机会。

· 微成都为成都人们提供全面的沟通服务工作。当人们在成都查看微信上“附近的人”时，总是能在附近100米看到“微成都”帐号，可以随时向他发起咨询。这个便利的服务也是成都政府宣传部门所做的尝试性主动服务之一，取得了非常好的效果。

· OO实验室开发的长微博服务，取代了腾讯微博平台上的长微博服务。每天，200多万用户在使用这个由两人小团队所提供的服务。

垂直服务的特点

大型社交平台上，各种信息与互动都充沛流动，但用户的个体化需求在充沛时往往比稀缺时更难解决。垂直服务在其中就扮演了重要的角色。这些需求汇聚起来的结果数量惊人：

· 垂直服务率先打通了服务与内容间的障碍，也打通了收入与用户的障碍。垂直服务的意义在于将大型社交网络中某一细微的动作、内容、玩法聚拢在一起。当聚拢发生后，群聚效应就会发生，具体的广告信息投放变得更有针对性并具有更高的转化率。

《失控》作者凯文·凯利就曾提道：“注意力在哪儿，钱就在哪儿。”相比零散在大型社交网络平台上的定时动作、视频、音频、购物、疑问等聚拢后具有更高的商业价值与广告投放价值。国内唱吧、啪啪、美丽说、蘑菇街在融资和营收上的商业表现与市场估值都不俗，正是因为此。

• **闭环体验**。随着时间的推移，越来越多面向不同细微行业、领域与内容的垂直化应用也将不断诞生。相比其他应用，垂直服务有着一个天然优势，即流动闭环。

许多用户将内容分享到社交网络后，用户点击查看时，会跳回到原应用或网站中去，这是一个典型回流访问，是许多合作伙伴需求的，却也导致用户无法在原有信息上再度展开互动。垂直服务则由于需求本身就脱胎于社交网络，不仅发布信息同步，每一个评论、赞、顶或私信等，互动和行为都与社交网络实现同步，保证了流动的连贯性。这也是垂直服务能快速生长的一个原因。

• **与平台共生**。垂直应用提供着平台看不到，或暂时无法做到更好的服务，这是开放所释放出的机遇，再大再强有力的平台都无法保证每一个服务尽善尽美、不断升级。垂直服务正好解决了这两个关键的问题，带给用户更好的体验。

在这个方面，如招商银行与微信的结合，OO实验室与腾讯微博的长微博服务，都是如此。**将需求让与最适合的人来提供，用户自己会做出选择。**有些创业者担心平台大规模涉足导致自己被扼杀，但时间差会令创业团队快速积累到足够量级的用户与足够细致的产品使用体验，这是垂直服务给自己建立起来的壁垒。因此，平台通常更愿意选择投资进来。

创业团队从垂直服务趋势中获益

现在，任何一家企业都无法承担起建立一个完整生态系统的重任，即使腾讯也不能。甚至，不管是微博、QQ空间，还是微信这样大型的平台和工具，最艰难的事情不是要推出更多的功能，而是如何让自己越来越简单，做“减法”。

开放平台将所有的合作伙伴云集起来，共同创建了一个新的环境和生态系统。不仅大型平台自身受益其中，所有创业公司也同时获益。在这样的环境中，充分利用闭环与共生两个特点，聚焦在社交网络中的垂直类、小而美应用能够比独立创业要节省大批时间与投入。

以一家专门聚焦在为微博用户提供自助制作漫画服务的应用漫画君为例：

漫画君上线两周时间内，即迅速汇聚了超过13万名用户，制作产生了1万多幅漫画。这款应用是由武汉的3位开发者制作，面向的人群和提供的服务非常明确，即向微博中对漫画有兴趣、有讲故事的欲望，又没有时间和技能的用户提供快速自制漫画服务，每一幅被制作出的作品会被分享。在应用中，用户页面中的评论、喜欢、收听等主要功能，也和微博完整地融合在一起。这样的结合，为漫画君迅速聚拢散落在微博中的需求奠定了基础。此后，漫画君开始根据不同用户的特点、节假日等推出了多款简单的制作工具，并推出手机应用。漫画君推出期间，业内也有一家类似服务的网站同时上线。半年后再次对比观察后发现，虽然后者的队伍与投入、业内资源明显比漫画君丰富，数据却落后非常大。

从开放平台角度看，鼓励与引导垂直服务的不断诞生与壮大恰恰是一个重点工作。也因为垂直服务共生在平台之上，会不断推动用户在大平台上分享更多、更丰富的信息。当这种协同效应展开时，平台也享受到了足够的开放红利。

04 大数据与社交

本书中叙述的种种现象，以及业界在这些方面的深度运用，是基于数据最浅显的分析与观察。基础的社交帐号绑定、用户分享，与将功能和服务碎片化为一个个小应用进入开放平台，开发出垂直服务，是对这些数据层层递进的使用升级。社交网络从开放的那一刻开始，就是合作伙伴、开发者、创业团队不断对大数据的挖掘和分析，并再重组、利用的开始。

在开放的趋势下，跨平台融合也呈现出巨大机遇。一开始，这种跨平台融合指创业者协助用户管理更多平台上的帐号、活动、用户等。很快就指向了各大平台之间基于大数据之间的融合碰撞，大量充沛的用户数据冗余在了大型平台上。开放提供了将这些各大平台数据串联、融合起来的渠道。

雅安地震时的大数据合作案例

2013年4月“四川雅安芦山发生7级地震”期间互联网企业之间的合作，就是很好的大数据融合、使用的范例。

由于地震发生得极其突然，电话线路繁忙无法使用，好在民众仍可用手机上网。在这样的情况下，大量求援、寻人的需求涌入微信、微博、QQ空间、手机QQ等。几乎在地震发生的同一时间，各大互联网公司迅速动员起来，开始为当地民众提供便利服务。整合先在内部进行，微信、腾讯微博在各自开通“雅安寻人”的认证帐号后，将数据统一汇聚到腾讯微博下，公司内的其他产品也采取了同样的动作。与此同时，腾讯微博开放平台完成了接口开发，开始将这些率先从各个内部平台汇聚起来的，宝贵的寻人、求援数据提供给到救援机构、公益组织、新闻网站、搜索引擎等，辅助了他们的救援、报道计划。

最早做出响应的是搜狐系平台，地震发生当天，包括搜狗搜索、搜狐新闻客户端在内的产品经理就开始与腾讯联系，共同打通数据平台，将不同的信息结合在一起使用。很快，百度搜索、谷歌搜索、360搜索、高德地图等各大平台也加入了进来，各家数据融汇在一起，分别结合不同场景提供着服务，如在地图上，用户搜索雅安的同时，就能看到来自当地各种实时信息。这些为民众提供了巨大的帮助。一些技术团队根据用户实时数据，结合捐赠和物流等公益组织、物流公司及政府机构的平台数据，制作出物资需求地图和救援地图。物资缺乏与否，是否还有一些地域被遗漏，等等，一目了然。在合作中，宝宝树的技术团队还将已经分析好的大数据二次开放，支持其他技术团队在此基础上做更进一步使用。

大数据的商业化运用

大数据在商业化领域有着更加庞大的想象空间。阿里巴巴对新浪微博、高德地图的战略投资，就是其中一个范例。2013年4月29日，阿里巴巴入股新浪微博，以5.86亿美元占其约18%的总股份，未来还有可能将这一比例提高至30%。5月10日，又以2.94亿美元购得高德地图28%的股份（到2014年2月10日，阿里巴巴再进一步，宣布以每股美国存托股票21美元的价格对高德股票进行现金收购。交易完成后，高德将成为阿里巴巴全资子公司，并融合进阿里生态体系发展）。

投资案一经宣布，业界迅速做出解读，认为三者之间最大的价值正是大数据的融合：阿里巴巴有着庞大的用户购物喜好、消费能力数据库和商家数据库，新浪微博可清晰地看到用户和什么人群在一起，此刻在谈论、关注什么话题。高德地图可以准确地标示出用户此刻在哪儿，将要去哪儿。通过对大数据的融合、分析，电商和O2O（线上到线下业务）、微博之间联手，背后的庞大生产力呼之欲出。

具体而言，地图类产品渴求数据更加精准与不断累积，如POI点（导航地图信息，每个POI包含名称、类别、经纬度、附近的酒店、饭店、商铺等信息）及消费者发生消费后，所发表的看法和评价信息等。POI点数据多如牛毛，需要地图类应用有着庞大的线下拓展团队，消费者评价信息也非地图类应用所擅长。同时，地图类应用缺乏更多的变现渠道。与阿里巴巴联姻之后，就可以利用庞大的商家资源和用户资源（阿里巴巴也在全力布局O2O市场），并能与新浪微博的庞大用户评价体系发生联系。

阿里巴巴对用户时间的足够掌握，底层的交易系统、大数据和云计算将会发挥作用：协助新浪微博和高德地图上的商家获得变现，用户得到精准服务。汇聚着用户对商家服务的评价、推荐信息的再度处理与呈现，会再一次提升信息自身的价值。

大数据的现在

涂子沛在其所著《大数据》中“破茧：数据挖掘之智能生命的产生”一节里写道：“通过十多年的发展，数据挖掘的范围正在不断扩大。传统的数据挖掘是指在结构化的数据当中发现潜在的关系和规律，但随着商业竞争的白热化，更加高端的数据挖掘也开始初现端倪。例如，通过网络留言挖掘顾客的意见。顾客在博客、论坛、社交网站和微博上用文字记录的消费体验，以及对商品和服务发表的看法和评价，是一种非结构化的数据。如何把散布在网络上的这些资源整合起来，并从中自动挖掘有价值的信息和知识，正是当前数据挖掘面临的最大挑战之一。”

对社交网络而言，即便是最简单的用户和信息归类处理，如对用户年龄、性别、社会地位、职业、兴趣等进行分析（个人画像），或者对个人与某一群体的短时行为进行分析，能让广告商定向投放更加准确，大幅提升广告效率。对于O2O领域、各种个性化业务的启动以及需求分析也能带来巨大帮助。

大数据所提供出来的新的市场机遇一早被创业团队预见。虽然自身难以拥有海量的数据资源，但创业团队拥有的数据挖掘技术是一个最佳切入点。如许多打通不同平台的应用和工具一样，综合多个平台进行数据挖掘的机会率先被体现，为其他企业提供数据分析的服务，甚至基于这些精确结果之上的二次开发与应用，开始部分得到实现。在目前腾讯微博开放平台合作伙伴的名单中，云集了数十家专注在大数据挖掘领域的创业团队。

各大平台之间的合作谈判也是主流，如百度与腾讯微博、新浪微博之间，着眼点都是基于数据的融合。电商对社交数据的渴求与结合也将推动着购物转化的提升，这一点上，中外皆同。基于大数据的合作展开和创业项目将会以更快的速度、更炫目的方式涌现。

大数据带给产品的基于细节的改进，与新产品推出的帮助，也在日常工作中快速推动着。如在腾讯微博，微圈（分析用户真实的人脉，降低用户收听的难度）和微热点（将微博中多人参与发出的实时热点信息，自动串联起来用一个页面呈现），就是通过大数据做的小优化。

尤为关注的是，这些小优化所带来的社交门槛大幅降低，不管是利于用户寻找到更多潜在好友，还是易于获得所需信息，都能带来不可估量的效果：如果每一位用户发出的信息，所蕴含的价值都能充分体现，那么，“微博2.0”时代、“社交2.0”时代就会悄然到来。新的想象空间将再度被扩张。

第六章

社交网络中关于未来演进的21个猜想

社交网络的生活化趋势不可阻挡，“附近的人”这些细微的功能推动着一公里内的陌生人会成为核心，“附近的事”则可能推动“最近五公里”成为下一个崛起的商业重点。

Twitter推出的Follow按钮可以被称作是互联网最重要的发明之一。在国内，Follow这个动作被中文微博转译为关注、收听，和过去互联网上最重要的行为Subscribe（订阅）相比，用户操作的对象由内容转变成了人，这一转变将揭开未来长达十几年的轰轰烈烈的关系网络变革的序幕。Twitter的出现，仅仅是掀开了演化的一小块幕布。

未来社交关系网络将会如何演进、如何继续改变我们的生活？不揣冒昧，我们对未来做了21个猜想，有些可能对，更多可能是错的。

猜想的出发点来源于两个：一是基于构建社交网络的三个原点——信息、关系链和互动出发，基于基础需求也是最大难点、痛点的解决和优化，会迸发出更大机遇与可能；二是由此衍生出对商业的改变，或者反过来，商业对社交网络的改变。不管我们承认与否，最先利用好社交网络的永远是媒体及带有强媒体属性的企业。此间，广告、电子商务、游戏等这些离钱最近的合作伙伴，一直在不断加大试探和渗透。他们的力量是强大的，也是执着的，改变会在后续时间中持续出现。

（一）社交网络的信息到达，未来是拉还是推的形态？

在Twitter开启的微博浪潮中，当用户Follow了一些好友之后，信息会不断被拉取到用户面前。在这里，信息的发送和接收并不需要同时进行，人们完全可以在使用微博时拉取阅读这些信息。而微信公众平台带来的是一个实时网络，好友发出信息后会被直接推送到对方面前，人们更加被动地接收信息，这意味着微信带来了更加及时的信息、内容和服务，也带来了对用户的强打扰。**对于公众帐号和有着众多人脉的用户来说，这些帐号所提供的内容和服务质量一定要更高。**

微信这种推送型网络也许更加适合于所谓的精华网络。意思是：不要频繁推送低价值、无意义的信息，要遴选最合适和精彩的内容进行摘要、编辑，然后进行推送。这其实是对信息的一种减法，类似于媒体编辑这一过程。精华网络相对于泛信息网络，有自己独立存在的价值。也由此，微信公众平台所孕育的公众帐号浪潮，成为另一个汇聚媒体精英人士的场所。

微信、微博的融合趋势是：在拉取信息（微博）的网络基础上，对信息推送可以做个性化的设置。这一形式类似于微博中的特别关注，或者是微信中推出的“收到消息但不提示”功能，可能都是这个大融合趋势下的中间形态之一。

（二）中式演进和美式演进

国内社交网络演进受到背后创始集团的影响非常大，这不仅决定了早期影响力人群的属性，也决定了受众的属性。从新浪微博的强媒体属性继承，到腾讯微博的草根属性继承，再到腾讯旗下另一拳头产品微信、淘宝增加的“微淘”频道都显示了这种原始产品基因的中式演化路径。

海外社交网络则没有受到这些所谓基因的影响，而是更多地从内容和服务的形态角度出发。比如Twitter的140字形态，Tumblr的轻博客，Instagram的图片，和最近火爆的视频社交网络Vine（一款6秒短视频分享应用）。这些产品都是小型团队创业，之所以能够大成，和美国用户更关心新网络会带来什么新内容或者服务价值不无关系。

在中国，现在看来基因影响已经占据产品发展的上风。但旁观未来发展，以服务方式为区分的不同社交网络依然在路径清晰地演进着，如在图片方面，国内惊喜地看到了啪啪的诞生，视频社交网络领域，微视成为了这一最新领域的佼佼者（2013年年初，这一领域尚且混沌，到当年底就已经非常清晰）。内容上，搜狐新闻客户端、各大浏览器、Zaker阅读器、今日头条等，不同产品从各个角度分别切入。很难说，产品基因和服务角度影响谁会在后续占优，但对于新进入的创业者而言，后者无疑会是重点。

（三）有价值节点的发现与推荐机制

社交网络最大的困难，依然是用户如何找到有价值的帐号来长期关注。

熟人网络不存在这个问题。谁是自己的朋友从一开始就非常清晰。对于已经建立品牌的服务，这个问题也不大，用户知道自己喜欢哪些品牌。但其他弱关系节点的建立（尤其面对新的帐号和企业、服务时，如何收听和关注），还是相当困难，用户并不太清楚哪些会是对自己有价值、值得信赖的帐号。寻找成本与被误导之后的退听/退订成本都极其高昂，会阻碍用户的步伐。

个体品牌的迅速兴起可能有助于解决这个问题，但工具上一定还有更大的演化空间。整个社交网络是基于信任机制建立起来的关系链条，因此谁值得Follow（纳入关注的视线内）永远是最核心，也最有待挖掘的问题。

建立弱关系节点的成本依旧很高，今天不管是微博还是微信都依然如此，这可能需要非常便利又强大的分析工具来更好地解决这个问题。社交网络中发现有价值节点的工具，可能是演进的一个重要课题。真正优秀的节点发现工具，能够使任何一个普通人都非常容易地建立起自己的兴趣网络，也能够使企业与创业团队在其中迅速浮现出来。

（四）Follow的极限

目前，社交网络用户Follow的平均水平在100位好友上下，具体会因为不同平台而异。在这个数字之内，发现新的节点（如新的有趣的帐号和个人）比较容易，发生Follow这个动作也比较容易，但越过这个数字后，维护关系链的难度、无意义内容的骚扰，乃至信息过载、发现更有价值帐号的成本，都会变得越来越高。这些问题本身也是社交网络中最常面对的难题。

不管是从降低用户Follow的难度，还是协助提升用户的Follow数量，都意味着存在新的巨大机会。后者可能会带来：内容、购物和生活在社交网络上的极端个性化；世界上已经没有任何人的关系是相同的了。

那么，人们有没有可能Follow 1000个节点（包括人和事、主题等）呢？

（五）Follow一切

Twitter带来的巨大改变，推动着用户将追随的对象由内容转变成了人。这个改变一旦形成，就会像种子一样自然发芽并进化。人们未来Follow的对象会再次从人变成某一个物体、某一个话题、某一个会议等。这种转变结合着二维码技术（或者比二维码更为便利的技术），将会为网络生活带来更大变化。人们只需要举起手机，就可以关注到自己想关注的一切事物，相关信息会源源不断地被拉取或推送过来。这个趋势在微信面前已展露出巨大前景。人们举着手机拍照或者扫描某一物体、照片、二维码，就能看到详细而具体的信息，人们获得信息的方式更加便利，本地生活服务会迎来全新变化。这种思维极有可能顺着这个版本，扩散到其他社交网络中去。因此，Follow一切，能够让人们突破极限，也因此会需要接下来提到的这项技术。

（六）Timeline的管理技术

目前，社交网络采用了最简单的原则：用户发布的信息按照时间自然排序。叫时间轴也罢，叫信息流也罢，信息像流水一样出现在用户面前，这个页面就是Timeline。这个原则足够简单，也足够有意义，用户可以知道最新的消息。但在这个原则下，出现在用户面前的信息排序和展示其实并不友好，混乱与重复严重阻碍了人们对内容和服务的获取与消费。只是到目前为止，这个简单的办法还很难替代。

社交网络是一个基于信任机制的网络。人们关注的任何节点和帐号都代表了对其提供内容和服务的期待，但人们还是会犯错误和被误导，会结识一些无聊的好友或偶尔有价值的帐号。等到很多低质无效、凌乱骚扰的信息涌来时，人们就会失去兴趣，甚至可能直接离开这个网络。因此，基于Timeline的管理技术，会是一个期待，也是未来社交网络的大难题。

（七）从Tweet到Card

尽管Twitter拉开了社交网络新的大幕，但就它发明的140个字表达方式而言，今天看来已有些行动迟滞了。Tweet（人们对Twitter中帖文的昵称）的优势是文字容易阅读，缺点是Feeds的表现形态过于单调。内容不性感不好玩，会阻碍Twitter继续成长为伟大的社交网络。为了未来，Twitter也在对Tweet做不断改进，由此，Cards这个新概念得以兴起。

Cards在一个类似名片大小（也就是微博信息大小）的空间中，把表现形态完全交给了内容发布者。图文混排、视频、购物、游戏等，甚至个性化按钮都可以在其中呈现，也就是本书中提及的“信息就是一切，甚至就是应用和服务本身”。Twitter因此也将变得更加诱人。只有这样，社交网络未来才会足够性感，才能够吸引更多用户和新玩法。在国内，腾讯微博、微信同样走在Rich Feeds的道路上，信息本身将变得越来越丰富。

（八）自动播放的Feeds

无论是拉的网络（微博），还是推的网络（微信），今天的Feeds都是等待播放状态的，而不是自动播放。用户总是很懒的，希望更加简单地使用产品，甚至使用信息。为什么要点播放按钮呢？图片能否能像幻灯片一样播放？有声音自动播放出来，新收到的视频会自动在手机上播放？这种直播网络，类似微信一样，带来了另外一种社交网络演进的可能形态——直播型社交网络。

就像今天许多网络产品都是过去需求的再度焕发一样，自动播放的网络也像是人们在新时代对一直以来的电视、收音机需求的再次重建，

Podcast（播客，一种定期更新音视频节目的服务），Vine（一款6秒短视频分享应用）这些新产品都走出了这一领域的重要一步，它们都是可以自动播放的。在国内，微视（腾讯于2013年下半年推出的短视频服务），也实现了在Wifi状态下自动播放。随着4G的到来，这种趋势正越来越明显。

未来的社交网络，也许不需要人们去触动播放按钮。

（九）Feeds（Cards）国际标准化组织

鉴于不同社交网络信息互相分享时，可能碰到格式不统一的问题，Cards形态未来或需要定义出标准的数据结构，来用于不同社交网络之间的数据交换。比如，不同社交网络间该如何用Cards表达一个饭店，或者商品的相关信息？在HTML定义Page之后，什么标准可以来定义Cards？未来或许在几大社交网络间是一场大博弈与大谈判。

（十）社交网络的互相大分享

未来，不同的社交网络之间，数据一定是可以互相分享的，信息在自由流动。

随着社交网络的极度丰富多彩，选择也即将成为一个难题，现在用户要分享一段内容，需要在一个极其庞大的列表中做选择。仅在国内，就有QQ空间、微信、腾讯微博、新浪微博、人人网、开心网等一系列社交网络供选择。如果要加入海外的平台，则还有更多选项。加上可能Feeds的格式也不统一，这无疑增加了许多阻碍。

未来可能会出现一个中间的分享服务，提供各种Feeds的输入与输出，并提供用户帐号层面的中转服务。这个服务会被内置到各个社交网络中去。用户一旦登录，就会知道自己还在其他哪些社交网络中，这样就无须面对一个庞大的选择列表。

（十一）大数据的加工和处理

社交网络产生了人类历史上数量级最大的信息量，用浩如烟海来形容毫不为过。这些无比庞大、细碎的信息中，究竟包含着怎样的改变世界的力量？许多围绕大数据处理的创业公司也早早进入，除去广告业务，这些大数据可能率先在一个个垂直领域对现有企业带来改良，继而带来改变。如电子商务、影视，一些合作已经在酝酿和展开中，每一个切入点，都足够展开狂想。

基于大数据的加工和处理也将成为未来社交网络中最有价值的一部分，不仅平台自身将加大这一业务的投入，不同平台间不同数据的对接与融合也已悄然展开。基于大数据分析、使用领域内的创业、合作、投资、收购兼并也会成为一段时期内的业界热点。

（十二）从媒体形态走向生活形态

Follow所代表的信任机制，首先兴起于重组内容。其实也可以重组网上购物，重组生活服务等需求。在信息进化的背景下，购物和服务本质上也是一种信息。如美丽说的发展，证明了Follow机制所构成的购物社区，在中国是可行的。这种垂直服务显示出，弱关系在社交网络上拓展出了媒体的范畴，更加广泛地影响着每个人的生活。今天的互联网产品，也最终都会走向生活化。

（十三）五公里网络的兴起

资本市场和创业者对O2O的热情，令“最近一公里”概念对生活方式带来了极其重大的改变。尽管用户的兴趣和关注点不会发生什么迁移，但社交网络的生活化趋势不可阻挡，“附近的人”这些细微的功能推动着一公里内的陌生人会成为核心，“附近的事”则可能推动“最近五公里”成为下一个崛起的商业重点，商家、餐饮、美发师、好的家教与家政、好的牙医等，会推动着专门的“五公里应用”兴起，甚至有可能成为生活社交网络的标配。

目前看来，最有可能抢占这一领域的产品会是微信。如果微信要演变为这样一个生活网络的话，那么“查看附近的人”或许要提到最显眼的功能位置上，甚至提到联系人或者朋友圈级别上。

这些商家与用户，附近的人和事，都在弱关系的范畴中，许多用户因为生活范围的原因，更关心周围的一些服务提供与信息提供。因此，也催生了需求与服务的新对接形态，并将由此诞生最多以方圆5公里为核心的生活网络。

（十四）社交网络大分裂

由于受众属性，所属大集团的基因，内容形态（文字、文章、图片、视频、购物、直播）、类型（媒体、购物、服务、交友），以及中国受众的复杂型（老年人、中年人、年轻人、儿童）和参与人的众多（个人、大媒体、商家、服务者）构成了无比复杂的关系网络。在手机时代，小小的屏幕下单一社交网络根本无法满足人们多样的需求。“简单”这个要素驱动了企业和应用在社交网络上的生存与发展，也驱动着自身的演进和变化。在手机上，弱社交网络的大分裂时代正在来临。

人们根据自己的喜好，会去寻找专门为自己打造的社交网络。一些主流的需求会被抓住，形成一些大型的主力网络。但针对性的细分网络将有很高的价值，比如旅游、文学、音乐等。今天，微博、微信、QQ空间大一统社交网络的时代也将打破，很快，每个用户都会登录不同的社交网络，每个用户平均消费4～5个社交网络，将会是非常现实的事情。

可以肯定的是，在今天，社交网络的一切都还只是处在早期。不久后，是不是会有至少1000家诞生在手机上的社交网络？

（十五）剥离

社交网络的功能如果变得越来越复杂，就有可能产生新的社会分工，或者功能间的剥离。

社交网络可能保留也只保留一个核心，那就是关系托管。其他的细分功能与服务都可能会被逐渐剥离出去，如我们所叙述的“垂直的机会”。通过无所不在的帐号授权登录体系，社交帐号将会变得越来越宝贵，拥有或者能构建帐号体系的企业将变得越来越强大。

随后一系列的变化可能会发生：

信息的接收完全有可能最后剥离出去，成为浏览器的一部分。浏览器厂商或许正在这样构想，因为如果人们改在这些地方消费内容，他们就会获得足够的用户时长和停留。

内容的发起也是一样。相机、摄影、美图软件等确实正在取代发布的功能。内容的发起，会从任何一个角落发起，比如地图，甚至从未来的电视、手表、眼镜上发起。社交网络对内容发起这件事，会变得越来越弱势。

许多商家的内容维护可能是从一个工具上发起，然后再同步到各个社交网络上去。这个变化，其实已经率先发生，未来也仍将成为一个持续的创业起点。

（十六）传统的媒体、服务和购物方式被彻底颠覆

现在，仅在腾讯旗下的多家社交网络上，就有不同的理解诞生，腾讯微博走向“信息即服务”、QQ空间强调“关系链即服务”，微信又带来“互动即服务”。其他网络中，新浪微博强调“微博就是媒体”。不同的理解吸引着大量商家和企业进入。

如果人们都迁移到了社交网络上来，意味着媒体、购物和服务与用户之间的触点变了。整个服务形态都会发生急剧的改变。如果每天人们有两小时耗在这些不同形态的社交网络上，将会怎样深刻地改变生活和营销？在这个问题背后，意味着今天提供服务的方式都将发生根本变化，这在近期，一直都是业内最为关注的问题，所展开的试探也尤为丰富。

（十七）人们变得比原来更容易受到影响了

如果现在去看电影，什么会决定我们的选择？真的没有受到别人的影响吗？我们看的只是其他人认为好的电影而已。人们在社交网络中更容易受到好友们或他人的影响，不管是影视，还是阅读、购物等任何一个层面。关系确实在改变许多事情。

社交网络把影响人变成一件极其简单的事情。犹太人曾说：“世界上最难的事情，是把一个想法装到别人的脑子里。”这件事情在今天看来，正在变得越来越容易。

碎片化而又充沛的信息，令社交网络中的人们越来越难以保持独立的思维和判断。这可能会导致社会中自我失去一代的出现，但人们又在这种潮流中挣扎着希望保留自己。纠结的现象会越来越多地呈现在不同的社交网络中，衍生出许多不一样的现象。

（十八）品牌价值的具体化

挣扎中会有新的变化和机会诞生，是的，一定是这样。一个显性趋势是个人将会高度品牌化，尤其在商业与服务业中，这个趋势将保持一致。用户与商家的品牌价值，在早期将会由自己的听众和粉丝数量乘以粉丝品质来体现。

当然，这不等于品牌的全部，但可以很有效地作为品牌衡量的一个尺子。品牌或者个人如果不被喜欢、不被期待、不被信任，则不会再拥有粉丝。（修订到这里时，我就不由得想起微信公众平台的那句话："再小的个体，也有自己的品牌。"）

（十九）专业社交网络自媒体的兴起

今天，各种有天赋、有资源、有品牌、有能力的商家和个人用户，大部分已经跑步进入了各大社交网络，并获得了一定量属于自己的目标受众。他们变得越来越职业化，依赖影响别人来生活。这件事情也才刚刚开始。

在品牌化趋势下，以今天的互联网人口而言，如果有1%（在中国，这一比例下的人数或将逼近1000万）开始转向变成自媒体，依赖在社交网络上提供价值来生存，一个新的营销变革浪潮就将来临。这很有可能会发生，尤其在今天，只是看需要多久能够到达这一数量级而已。

（二十）营销的彻底变革

现在的营销，建立在展示和搜索之上。未来的营销，建立在传播和影响力上。在自媒体的兴盛下，每个人都是巨大的节点，都能深刻地影响着自己的受众。对于商家而言，如何在社交网络中影响受众这一简单的命题将会变得越来越容易，也越来越艰难——社交网络和自媒体的数量都变得越来越丰富和细碎，商家（哪怕过去再大的企业）自身影响将变得越来越有限，如何影响更多更大的目标受众？过去旧有的营销理念和思路，公关套路和思路在大社交网络时代中或变得步履维艰。营销会步入一个彻底变革的新时代。

（二十一）去中心化的服务

现有的服务都是以商家和提供者为中心，商家在某一个地方，用户需要服务的话就请来找我。社交网络的信息以去中心化的状态出现，也带来了服务的去中心化。在社交网络上，消费者的需求随时发生，也要求服务随时供应。这个变化在微博和微信上都可见端倪：人们在微博上随时随地发出需求和疑问，主动@提及服务提供者；微信上，人们对于服务的响应也要求更为严格，当用户发出需求时，商家的回应速度和回应内容都需要迅速而准确，不然用户会快速离去。服务将由过去的中心化演变成为去中心化的星形结构，商家开始随时随地为消费者提供微服务。

给文档打上最后一个句号的时候，心里非常激动，却也忐忑不安。

坦率地说，在腾讯这样一个有着浓厚产品氛围、对社交网络理解已经深入骨髓的公司内整理这样的文档，心理压力巨大。如玩笑中所讲的那样，在腾讯，甚至保安小弟都是编程高手，清洁大妈也能在背后指点一下困惑中的程序员。往往对面过来一个看似普通的IT男，就是名动江湖的产品经理。在他们面前谈论社交，真像是在“扫地僧”们面前练一趟少林拳。

一开始，文档整理的初衷，是希望能够清晰而又系统地描述自己工作的平台，帮助合作伙伴了解并充分利用好社交网络。平台开放的本意就是，希望能够为大家所用，能够充分用好。自2010年加入腾讯微博开放平台以来，面对着数以百万计的网站、数十万计的注册开发者与合作伙伴，每天最主要的工作就是交流、聆听业界需求，在从合作伙伴身上学到了大量优秀丰富的经验的同时，也眼见业界的一些困惑，因此萌生整理详细文档，与业界一起详细探讨的想法。

压力的来源就在于总是担心理解偏差

或者有错漏。业界藏龙卧虎，公司内部高手也比比皆是，一个疏忽就会让人贻笑大方。每到这时，回想起过去看书到后记部分时，许多作者总是谦虚地写道“难免有错漏之处，务请谅解与多多指正”，才体会到他们为何那样写了。此刻的心情想必和他们在完成最后一个句号时一样，忐忑不安。

“忐忑不安”这个词，在发给内部同事、领导和业界朋友们的试读邀请、讨论邮件中，也用得最多。有赖于大家的帮助，后续的修改和完善得以迅速进行。

要感谢“新攀登”的导师和同学们。2013年3月初在深圳总部参加公司的“新攀登”系列培训第一期时，因为一个实训题目在公司联合创始人Tony（张志东）先生办公室向他请教了两个小时，受到启发后开始文档整理的过程。Tony也在书稿成形后，撰语并署名推荐。到第三次集训（6月26日）时，文档终于全部完成。感谢Tony的无私帮助与细致分享，感谢李芸、刘金星、李炯、韩勇、马超、郭立鹏等同学一直以来的鼓励与支持，为文档的思路提供了诸多帮助。徐晓同学也提供了许多帮助。

感谢公司的各位领导，是他们的肯定与支持给我以信心，化解掉压力。腾讯微博总经理邢宏宇在看完初稿后提笔为本书作序。李方、马斌等几位领导都在写作过程中给予了许多鼓励，并在看完初稿后提出了许多宝贵的补充意见。这些意见令本书得以改进良多，新增的数个章节使本书更加完整，并最终呈现在大家面前。

公司同事们之间良好的沟通氛围与开放的环境，对我帮助巨大。感谢黄鼎隆、黄洁莉、李薇、王思、徐春柳、闫妍、曹美英、李羚等许许多多同事。他们在看到初稿后，迅速回馈了大量有益的补充建议，并发来许多珍贵的资料、案例、数据，及个人的详细见解。还有更多同事在RTX和邮件中进行了深入探讨，令文档增色不少。他们来自各个部门、各个系统、各个事业群，许多提供帮助和进行过探讨的同事可能都无法一一列出，在此一并致谢。

特别要感谢我所在的团队，本书中的部分章节内容、案例、数据多来自于他（她）们。其中，周豫宁是书中唱吧案例与蚂蜂窝试点案例的实际操作者，她协助完成了“回流的差异与优化”“互动与放大效应”两个章节。吕娜、谢元香是书中评论同步案例的实际操作者，元香还协助撰写了“让每个细微动作都产生收益”一节。刘方是书中啪啪案例的实际操作者，他完善并补充了“超越140个字：信息的进化”一节。侯苏苏、任玫霏、齐兴、肖璐、滕明珠、何婷婷等同事们也贡献了诸多精彩的数据与案例。在深圳，我们的产品团队与技术团队提供了许多细节帮助，与产品上的方向探讨。感谢舒军的指导，和以袁昌文、周洪飞为代表的每一位技术团队成员，及董建德、黄奔、陈寅生、赵敏等产品同事。

在之前及成书的过程中，尽管部分同事已转换了岗位乃至创业，但仍记得书中的部分案例与数据曾出自于他（她）们。感谢一起奋战过的师婧、钟明禄、李寅、刘慧杰、李元戎、贺林等同事。其中，师婧曾经一度计划成为本书的联合作者，一起撰写本书。祝愿他（她）们在新的岗位上继续绽放光彩。

文档整理开始后，随即进入了一个不断邀请试读的阶段。这里必须感谢所有参与试读的300多位业界的朋友们与同事们，他们能够忍当时粗糙的草稿，并和我探讨后续。最早看到凌乱思路记录的是正在创办“妈妈问答”的麦田先生，与亨通堂创始人陆新之先生。他们在凌晨之后依然热情地回邮件谈论自己的观点，鼓励我继续下去。那时还是2013年3月初，正是在“新攀登”第一期培训期间。

至5月6日，第一版骨头架子正式搭完，干巴巴、硬邦邦的样子。现在再翻看，自己都无法读下去，那天却开心得很，群发给了自己部门的同事们和朋友们。后来还直接将邮件发给了杜家滨先生、李开复先生、张亚勤先生，不揣冒昧请大佬们一起看看，这些冒昧的举动没有遭到他们的批评。感谢杜家滨先生、张亚勤先生、李开复先生为本书欣然写下了序言与推荐；感谢小米创始人、董事长&CEO雷军先生，海外差旅途中为本书推荐；感谢招商银行原行长马蔚华先生，在行旅出差归来后，立刻不辞辛苦写下序言，这是对业界晚辈最大的帮助与肯定。

韩毅先生是行业中对社交网络尤其是微博理解极为深刻的人士之一。过去，我总是习惯每隔一两个月向他求教一次。他对社交网络的看法与角度，缘起于基础的数据与细微的动作观察，却又总能得出令人信服且新颖的结论，在实际工作中对我的帮助很大，我自加入腾讯微博开放平台以来，受益颇多，本书的框架也为此借鉴了许多。

有了这些鼓励和帮助，我陆续不断将迭代更新的草稿发给了公司内更多产品大牛和领导们、业内朋友，请他们随时提出指正。写作遇到难题进行不下去时，也会主动相约业界朋友和公司同事进行求教。常常，困惑会在这些细谈中消散，细节再度重新清晰。

感谢商容女士、李欣女士在短信和电话中的鼓励。感谢百合网联合创始人慕岩先生、银河传媒创始人沈维先生、走秀网联合创始人黄劲先生、明势资本创始合伙人黄明明先生、雷锋网创始人林军先生、友加联合创始人&CEO胡铸韬先生、华兴险峰合伙人李黎女士、凯文品智总经理童明学先生、顽石互动创始人吴刚先生、80后创业典范茅侃侃先生、21

世纪新媒体CTO韩磊先生、糗事百科创始人王坚先生、飞博共创CEO伊光旭、深圳易博天下CEO焦学宁先生、上海追信CEO申颖超先生、腾讯手机QQ前产品经理&连续创业者游敏丽女士、好友魏俊生先生、淘友网创始人林凡等诸多朋友，在通读了书稿之后，对内容修改、阅读体验提出了大量修改意见，补充了不少案例与观点。

感谢创新工场联合创始人王肇辉先生、天使投资人许晖先生，推荐了优秀的图书出版公司，令本书的各项出版事宜得以落实。感谢用户烟烟女士、优酷网洪露露女士、点心网韩书梓女士、搜狐新闻客户端王璇先生、缘来网产品经理陈斌先生、天地阔创始人顾真源先生、看书应用窦伟伟先生、漫画君创始人徐凯先生、南京牛友科技联合创始人张自创先生等腾讯微博开放平台合作伙伴提供的大量真实的数据与案例，张自创先生甚至为此特意分析并提供了自己旗下公众帐号中一百多万微信粉丝的数据与结论，百度曹丽丽女士分享了百度分享按钮的一些活动案例及总结数据，Jiathis联合创始人李鹏先生特别提供了社交网络用户的分享行为分析报告、微信用户分享行为分析报告等，这些一手鲜活的数据使本书更加生动。

感谢蝴蝶互动创始人、前盛大游戏总裁凌海先生，在看到书稿后为本书写下了第一封推荐邮件。感谢啪啪CEO许朝军先生、金沙江创业投资基金合伙人朱啸虎先生、美丽说CEO徐易容先生、唱吧CEO陈华先生、腾讯电商移动生活电商部副总经理&康盛创始人戴志康先生、《创业家》杂志总编辑&社长牛文文先生、真宝汇创始人白雪女士、微播易联合创始人&CEO徐扬先生、迅雷CEO邹胜龙先生为本书的大力推荐，他们在书的形成阶段也提出了大量宝贵建议。徐扬先生还在成书过程中，给出了更多领域与角度的指引，令本书的视野相比计划增益不少。

还要感谢众筹网、磨铁的诸位同仁，感谢他（她）们对本书及本人的信任。感谢众筹网联合创始人裴昱人、黑天鹅总经理魏玲、产品经理王泽阳、责任编辑郑晓娟、韩志、段然、吴娜，以及许多台前幕后操持、协助的磨铁同仁。是他们的努力，本书最终变成了厚厚的铅字书。感谢中信出版社黄一琨先生对本书电子版的帮助。并感谢其他出版社、图书公司的朋友们的厚爱，诸位的专业与敬业，给我留下了深刻的印象，祝愿未来工作顺利。

完全可以这样说，每一位合作伙伴、每一位可爱的同事、每一位试读的朋友，都是本书的联合作者。是大家的点滴帮助，得以令本书成型。

最后要感谢一下我的家人。本书要献给我的每一位家人。自2013年3月初开始记录后，我将一切闲暇的时光都投入在文档的记录与整理上，很多时候忽略了家人的感受。正是家人的体谅与支持，才能坚持到最后。

提供过帮助或未来仍将提供新帮助的朋友非常多，这些帮助加上支持鼓励，通过微博、微信、QQ、电话、邮件等纷传而来，可能无法一一尽数，这里也一并诚挚致谢。感谢所有默默支持、默默帮助的朋友们。

徐志斌

2013年7月20日凌晨，于北京

修订后记

《社交红利》出版后，意外地受到了市场肯定，不仅体现在销量上，长期跻身各大电商网站、渠道及媒体的畅销榜单，还获得了2013年底数个图书大奖。

但正如我和友人们所说，这是一个非常幸运的结果，作为一个新人、一本新书，市场和读者们给予了格外偏爱，仅此而已，并不代表着书真的就非常好。唯其如此，我一直觉得忐忑不安，如在第一版中“鸣谢&后记”中记录的那样，战战兢兢。因此，格外留意读者们的评价，不管是好评还是差评，不管他们出现在哪里，总是会找来细看，一度还一一联系上这些评论的读者，和他们进行探讨。

坦率一点讲，其中的批评大部分都是对的，指向也极其简单：第一版写的有些用力过猛，造成几个明显的弊端与阅读上的障碍。

一是重复。有些章节中，类似的意思反复出现多次。虽然是希望读者加深理解，其实反而给阅读带来不畅。

二是默认一些信息为读者所知。书稿整理之初，本意是和今天已经超过百万的注册开发者探讨如何利用好腾讯旗下各家社交网络，更好地获取社交红利。在这个基础上，大量基础行为和理解，早就被这个人群所熟悉，因此直叙而下。最早的肯定和推荐恰恰是来自于这个人群。却忽略了公开出版后，默认为已知的信息恰恰不被外界所知，不被有兴趣获取社交红利又尚未入门的读者所知。这造成了一定的阅读困惑，最多的批评就来自于这个方面。

三是沟通习惯。里面许多值得重点关注的现象、效应，埋没在一些话语中没有被详加叙述。在和专业级合作伙伴沟通过程中，这不会存在任何障碍，他们往往积累有大量经验，一两句话就足够共鸣半天，对于更为广泛的读者，这样的叙述方式明显不合适。

因此动心修订，将上述几个环节做一些完善修改及提炼。这一工作自2014年春节始至4月终，近3个月的时间里，所有节假日和下班后的夜晚都投入在里面。多节内容几乎推翻重写，几万字被删除，又在值得增加的地方——添加了回来，一些重点现象做了详细解读，也纳入了更为丰富的数据、图表以做参考。不敢说比第一版优秀了多少，只希望尽力奉献一本更好的关于互联网、关于社交网络、关于微博微信和社交网络的书籍，更好地提升阅读体验。

这里要感谢所有的读者朋友，感谢那些通过微信公众帐号（shejiaohongli）、微博（@徐志斌）、博客、邮件等方式发来的鼓励、肯定，以及修订建议，感谢所有电商网站上的评论、豆瓣书评，不管是批评还是赞扬，这些公开的评论形成了修订的最主要方向。在修订展开前，我曾试图将这些意见、建议的提出者记录下来，放在鸣谢中。但很快发现这是一个巨大的工作量，已经无法完成，只能在此一并表示由衷的感谢。

在3月时，修订的第一个版本完成，率先将电子版外放在拇指阅读、豆瓣、掌阅上，在几天时间中，有数千位读者下载，也邀请了100位微信上的好友们参与试读（在写作和修订的过程中，试读于我而言都是一个重要组成部分）。面对中间版本，他们勇敢地参与了进来，在这个基础上提出了更加完善的修改建议，小到一句话、一些章节如何提炼会更棒，大到整书内容的上下承接等。在此基础上，又做了一轮修订提升。感谢你们。

感谢合作伙伴们，在闻听修订版启动后，发来了许多珍贵的数据和案例供参考，包括但不限于：ShareSDK、蚂蜂窝、疯狂猜图、友盟、彩虹公交、少年商学院、哈图、百思不得姐等。还有多位合作伙伴匿名提供了数据，其中多个重要图表就来自于这些率先前行的探路者，只是不愿意公开自己的应用名称。这些数据，都是直接从后台截取或整理而来，鲜活而真实。要对合作伙伴们的帮助表示诚挚的谢意，是这些数据，令第一版中失落的几个环节得以真实呈现。

在修订、补充数据之余，我们拜访合作伙伴的工作仍在继续，这些基于工作、最新发展前沿的拜访和激烈的思维碰撞让本书增色不少。书中许多新增内容来自于这些碰撞后所产生的火花，让人不由自主地想分享补充进来。

在修订版中，本书与公众帐号（微信号：shejiaohongli）做了更多联动工作，大量延伸阅读的文章随时供读者们阅读、延展。这些文章是对于书中具体现象、效应的不一样角度与组合的解读，同时结合了一些由于出版时限导致无法及时更新的数据、案例。今后也仍将保持时时更新。

我也知道，修订工作仍未完结，仍将保持忐忑之心，随时在公众帐号（微信号：shejiaohongli）、微博、豆瓣、拇指阅读、电商网站及其他各个地方中，期待着读者的反馈，期待着更多火花四溅的碰撞。

再次感谢大家。

徐志斌

2014年4月7日，于北京

诚恳推荐

徐志斌先生在社交时代和移动时代有着丰富的实战经验，《社交红利》凝结了他对多个案例的思考和探索总结，这是一本值得细读的好书。

张志东Tony
腾讯联合创始人、首席技术官

对创业中的人们来说，乘势而起是一件幸福，也是可遇而不可求的事情。微博微信的兴起，正好提供了一个巨大的“势”，得以让每一位用户、粉丝都成为产品的宣传员，创业者因此可以专注在产品本身。《社交红利》分享的，正是这些“势”能的起处，推荐创业的人们一读。

雷军
小米董事长 & CEO、金山软件董事长

从最早微博改变一切，到现在大家对微信的关注，社交网络一点一滴地影响着我们的生活、工作，乃至创业历程。相比Facebook、Twitter，腾讯在国内是一个更值得关注的存在。《社交红利》正是内部资深员工从平台视野，以更系统、细致的角度，来阐

李开复
创新工场董事长、CEO

述这些影响和变化发生的原因、创业者可以利用的方向，非常值得参考。

魏明
优酷总裁

优酷是最早感觉到社交网络崛起并因此获益的网站之一。在腾讯微博、QQ空间等不同社交网络的帮助下，精彩的视频越来越多地被用户推荐到他们的好友们面前，优酷也因此获得了极为可观的红利。纵观视频与社交网络的结合，我更看好因此带来的新的产品与商业机会的诞生，这会是一个值得创业者关注的领域。在书中，这样的探讨比比皆是。

戴志康
腾讯电商移动生活电商部副总经理、康盛创始人

曾经的互联网，是一个以内容和话题为唯一驱动力的理性的、浩瀚的信息海洋。然而，创造和消费互联网服务的却是一个个活生生的人。社交网络的崛起开始为互联网增添了以人为本的色彩，使得网上的信息、交易、娱乐增添了某种基于人群、信任和关系链传播的色彩。正是这么一个看似微小的变化，几乎改变了线上线下人们的生活方式，并创造出一系列创新、创业的机会。对社交网络背后的深层原理、逻辑的探究及从业者如何抓住趋势用好社交网络所带来的价值，相信志斌作为一线的社交网络及平台运营者，会在本书中给出第一手的资讯和独特的解答。

白雪
真宝汇创始人

传统行业面对新兴的社交网络又爱又恨，爱的是新的工具和机会出现，却又总是迷茫不知如何运用，珠宝行业就是如此。尤其近几年，互联网对珠宝销售

影响越来越大。志斌在撰写《社交红利》期间，我曾与他多次探讨此事，也欣喜地看到书中对此提出的思考。推荐珠宝与传统产业中的人们认真读读。

社交平台的红利是开放，开放也是迅雷的重要战略，因为开放更能体现自由进步和快乐分享的互联网精神，更是互联网发展的未来！

邹胜龙

迅雷CEO

展望未来，我认为更多的创业机会存在于垂直领域。过去三年，我一直是垂直领域创业的鼓吹者。美丽说也是在社交网络、开放平台合作上最早吃螃蟹的。社交平台＋垂直创业，这个组合是未来的基本面。这本书可以帮助更多的创业者了解这个基本面，获得成长。

徐易容

美丽说CEO

在腾讯微博开放平台这样的一线社交重地做产品运营实践，再将实践经过思考后升华、体系化，反过来又给予社交领域所有一线工作的人们以扎实的理论指导，这本书达到了这个目标。这种实践中产出的理论，确实是做社会化营销的实战必备。

凌海

蝴蝶互动CEO、盛大游戏前总裁

站在社会化媒体最前沿，以翔实的数据和丰富的案例，深入浅出地揭示社会化媒体的现状与趋势。

朱啸虎

金沙江创业投资基金合伙人

创业是一种执着，一旦开启，我们就要沉浸其中，敏感地观察周边每一个细节，并将之化为助力的

牛文文

《创业家》杂志总编辑、社长、发行人

资源。微博、微信与QQ空间的崛起，恰恰提供了最大最便利的资源，使创业者可以更专注于成长为黑马之旅。志斌身在平台，能为创业者详细剖析这些资源的来龙去脉及运用之道，殊为难得。推荐创业的人们细致读一读。

站在巨人的肩膀上，才能更快获得成功！这本书介绍了唱吧是如何用好社交网络巨大的用户量的，希望能给更多创业者启发。

陈华
唱吧CEO

移动互联网和社交网络是IT行业未来发展的两种巨大的动力，两种动力混合会迅猛改变过去难以改变的行业。抓住社交网络红利，事半功倍。如何抓住？这里会有答案。

许朝军
啪啪CEO

社交网络虽然强大，企业用好却不容易。在和数十万客户沟通后我们看到，一是社交面前企业仍感陌生，二是泥沙俱下的“营销大师”难辨真伪。这时，不如抛开去看基础和本质。《社交红利》正是从平台角度以大量实践和基础数据为引，展开整个版图。推荐深度阅读。

徐扬
微播易创始人、CEO

扫描公众帐号，告诉作者您的思考，或亲历的案例，说不定，下一版《社交红利》中就能看到他们！